当代浙江学术文库
DANGDAI ZHEJIANG XUESHU WENKU

浙學

文化浙商与中国现代出版文化构建

Zhejiang Merchants of Culture and the Construction of China's Modern Publishing Culture

朱利民 著

教科书在启蒙的地平线上撒播现代光明，点亮了"民智已下矣、民德已衰矣、民力已困矣"的幽暗洞穴。

浙江工商大學出版社

图书在版编目(CIP)数据

文化浙商与中国现代出版文化构建 / 朱利民著.
—杭州 ：浙江工商大学出版社，2018.8
ISBN 978-7-5178-2153-3

Ⅰ.①文… Ⅱ.①朱… Ⅲ.①商业史—研究—浙江②出版工作—研究—中国 Ⅳ.①F729②G239.2

中国版本图书馆 CIP 数据核字(2017)第 090459 号

文化浙商与中国现代出版文化构建
朱利民 著

责任编辑 郑 建
封面设计 林朦朦
责任校对 穆静雯
责任印制 包建辉
出版发行 浙江工商大学出版社
(杭州市教工路 198 号 邮政编码 310012)
(E-mail:zjgsupress@163.com)
(网址:http://www.zjgsupress.com)
电话:0571-88904980,88831806(传真)
排　　版 杭州朝曦图文设计有限公司
印　　刷 杭州五象印务有限公司
开　　本 710mm×1000mm 1/16
印　　张 10.5
字　　数 183 千
版 印 次 2018 年 8 月第 1 版 2018 年 8 月第 1 次印刷
书　　号 ISBN 978-7-5178-2153-3
定　　价 39.00 元

浙江工商大学出版社营销部邮购电话 0571-88904970

目　　录

绪　论

“浙商”作为一个区域性的商人群体，有着悠久的历史传统与辉煌的成就。明清时期，浙江的龙游商帮和宁波商帮已跻身当时十大著名商帮。近代以来，宁波、温州、台州等沿海地区的商业活动十分活跃。改革开放之后，“浙商”创造了举世瞩目的经济奇迹，成为中国当代商人中最富活力和创造力的独特群体。因此，当浙商作为一个研究对象时，学界更多关注的是浙商群体创造经济价值的能力。很多研究立足于改革开放的时代背景，侧重从经济、产业的角度，深入探讨浙商崛起的社会机制，着力于挖掘浙商群体独特的活力和贡献。如从经济操作层面的分析，就总结出了诸如“温州模式”“黄岩模式”等既具有地域特色又能体现浙江精神内蕴的模式。

近年来，党和政府对文化建设日渐重视，相继出台一系列扶植文化传播的政策。随着浙江文化大省建设步伐的加快，侧重劳动密集型生产、以加工制作为主的商业模式逐步转向文化生产与传播的商业模式。这种现实的转变在浙商研究中也得到体现，即对浙商的关注已经不再仅注目于单纯经济层面的价值，而是注重对浙商人文精神的探索与开掘，“浙商的人文特性”“浙商的伦理精神”“浙商的人文传统”和“浙商人文精神”等课题，都是对浙商的人文精神、浙商人文底蕴的总结和建构。当然，对当代浙商的关注及其历史功绩的概括，仅是浙商整体形象塑造的一个层面。作为具有历史传统和丰厚积淀的商业群体，浙商本身是多元而丰富的，为此对浙商的研究不能仅局限于当代社会，而是应该进行一番溯源和上下求索，跳脱出经济维度衡量的单一视角，将浙商的崛起、发展的步履与中国历史文明进程相结合，尤其是在中国近代以来社会转型和文化建设的宏阔背景中，探寻浙商的文化功绩。

笔者以为，浙商群体是一个多元丰富的存在，浙商不仅以商业为依托，创造了经济价值，而且在文化创造方面也有瞩目的成就。浙商群体中历来有一部分从事与文化相关的产业，龙游帮的纸业、印刷业等都是历史的实证。现代中国活跃着一大批浙商，且文化浙商群体尤为突出。现代中国出版三大巨头——商务印书馆、中华书局、世界书局的背后，站立的是既创造了经济财富，同时又承担着扶助教育、开启民智、兴国强邦之重任，具有强烈人文关怀的文化浙商，如张元济、陆费逵、沈知方等。如果说现代中国文学的半部是由鲁迅、茅盾、郁达夫、徐志摩等浙江作家书写的，那么现代中国出版文化的大半江山是由张元济、陆费逵、沈知方等文化浙商打造和构建的。在以往研究中这一群体大多被纳入出版、文学领域，开掘其文学、文化贡献，忽视其商人的身份，更没有从浙商人文精神或者浙商文化向度的视角予以研究，这就使得文化浙商与现代出版文化的构建，以及对当代浙商文化转向的研究成为文化研究领域中一种遗憾的空缺。近年来对浙商的研究中，这些在文化领域中活跃的浙商逐渐引起学界的重视和关注。

本书鲜明提出"文化浙商"这一概念，认为文化浙商是被经济浙商研究遮蔽的巨大存在，着重对浙商人文精神予以溯源并探寻浙商人文精神的流脉。本书的主要观点如下：第一，浙商不仅是一个经济创造群体，更是一个具有丰富内涵和人文底蕴的文化群体，有着丰富的文化流脉和精神渊源。第二，活跃在现代中国的文化浙商不仅创造了现代出版的财富，而且是构建、发展现代出版文化的重要力量，积极推动了出版的现代化进程。换言之，中国出版的现代化进程离不开以张元济、陆费逵、沈知方等为代表的一批浙商的参与。第三，对文化浙商的深入研究，尤其是通过对现代出版史上几大影响性出版商的分析，找寻浙商的人文精神流脉，探寻浙商文化转向的机缘和路径。在具体操作上，从出版这一商业和文化相结合的领域切入，选取现代中国出版中叱咤风云的浙商三大巨头——商务印书馆的张元济、中华书局的陆费逵、世界书局的沈知方为主要论述对象，兼及世界书局、开明书店、儿童书局、大东书局等中小书局的创办者，通过梳理文化浙商对现代中国出版文化的贡献，出版经济活动中运营管理等方面的智慧，清晰地勾勒出文化浙商的人文精神，为现有浙商研究注入新的声音，为浙商研究范式中增添文化、社会的维度。同时关于现代出版业中张元济等文化浙商的挖掘和研究，也是对浙商整体形象的一种丰富和重新书写，是对浙商文化精神的扩充和优秀传统的弘扬，具有深刻的文化意义。

第一章　浙商群体及其文化精神流脉探源

第一节　浙商发展简史

浙江是中华民族古老文明的发祥地之一，早在新石器时代，浙江就有了人类文明的足迹，宁绍平原的河姆渡文化和杭嘉湖平原的马家浜文化就是其主要代表。[①] 在悠久漫长的中华文明发展进程中，勤劳智慧的浙江人民，创新进取，创造了灿烂辉煌的经济文化成果。这其中，浙江的商业活动和独具特色的浙商文化成为浙江发展史中浓墨重彩的一笔。

一、古代浙商窥踪

浙江向来有重商的传统，商业习俗源远流长。浙商的远祖，可以追溯到春秋战国时期。越国谋士计然就提出过"农末(商)俱利"的思想。越国大夫范蠡在鞠躬尽瘁扶助勾践灭吴之后，弃官从商，"候时转物，逐什一利。居无何，则至赀累巨万"[②]，被后人尊称为"商圣""陶朱公"。

秦汉以降，得益于独特的沿海地理优势，浙江成为对外贸易的重要口岸。会稽等地已与日本有贸易活动，《后汉书》载："会稽海外有东鳀人，……时至会稽市。"传言秦始皇遣方士徐福将童男女数千人入海，求蓬莱神仙，不得。徐福畏诛不敢还，遂止此洲，世代相承，有数万家。《三国志》也有记载"其上人民，时至会稽货布"。《后汉书·朱儁传》中记有浙江上虞人朱儁，"母尝贩缯(丝绸)为业，同郡周规……假郡库钱百万，乃儁窃母缯帛，

① 滕复等：《浙江文化史》，浙江人民出版社 1992 年版，第 6 页。

② 司马迁：《史记·卷四十一》(第 5 册)，中华书局 1982 年版，第 1752 页。

为规解对”。可见当时丝绸贸易的繁荣与规模的可观。

隋朝统一之后，杭州作为京杭大运河的终点，也是东南交通的枢纽，“珍异所聚，故商贾并凑”[①]。唐代时，杭州已发展为商业繁荣的大都市，据杜牧《上宰相求杭州启》记载，宪宗元和（806—820）时杭州每年税钱达 50 万缗。其时全国一年的商税为 1200 万缗。杭州一个城市竟占据全国商税的 1/24，足见其商业发达程度。[②] 明州（今宁波）是遣唐使的主要登陆海港之一。《新唐书·东夷传》就有记载：“新罗（今朝鲜）梗海道，更繇明、越州朝贡。”越州（今绍兴）、杭州、温州、台州也都是对外贸易港口，当时著名的东海航路，就是以明州港为主轴的一条海上丝绸之路的干线。[③] 在朝贡之外，民间贸易也十分活跃。泛海兴贩的中国大商人如李邻德、李延孝、张支信、李处人、崔铎等人，都自建海舶以船主身份多次往来于日本和浙江的明州、温州和台州之间。[④]

宋代，特别是宋室南迁之后，杭州成为全国的商业中心，“南渡以来，杭为行都二百余年，户口蕃盛，商贾买卖者十倍于昔，往来辐辏，非他郡比也”（吴自牧《梦粱录卷十三·两赤县市镇》）。《梦粱录·卷十八·民俗》中记述：“杭城风俗……且如士农工商，诸行百户，衣巾装着，皆有等差。香铺人顶帽披背子，质库掌事裹巾着皂衫角带，街市买卖人各有服色头巾，各有辨认是何名目人。”茶叶、丝绸等江南特产在杭州集散交易。欧阳修曾言当时的杭州是“四达之冲，舟车之会”，“四方之所聚，百货之所交，物盛人众，为一都会”[⑤]，同时作为重要的港口城市，“官商驰骛，舳舻相衔，昼夜不绝”[⑥]。宁波是当时对外贸易的中心“三司”（广州、杭州、明州）之一，是海外贸易的必经之地，格外繁华。《建炎以来系年要录》载：“四方之民云集两浙，百倍常时”[⑦]。赵汝适《诸蕃志·新罗国》记载：“商人……兴贩必先至四明，而后再发，或曰泉之水势渐低，故必经由四明。”同时，明州成为中国与国外通航的重要海港，“虽非都会，乃海道辐辏之地，故南则闽广，东则倭人，北则高句丽，商舶往来，物资丰衍”[⑧]。民间贸易方面，到海外经商的浙江人也很

---

① 《隋书·卷三十一》，中华书局 1973 年版，第 895 页。

② 转引自尹铁《浙商与近代浙江社会变迁》，中国社会科学出版社 2010 年版，第 16 页。

③ 杨轶清：《浙商简史》，浙江人民出版社 2013 年版，第 4 页。

④ 木官泰彦：《中日交通史上》，陈捷译，商务印书馆 1931 年版，第 139—144 页。

⑤ 欧阳修：《有美堂记》，见黄公渚选注《欧阳修文》，崇文书局 2014 年版，第 84 页。

⑥ 田汝成：《西湖游览志·卷十三》，东方出版社 2012 年版，第 172 页。

⑦ 李心传：《建炎以来系年要录》卷 158，中华书局 1956 年版，第 4861 页。

⑧ 张津等：《乾道四明图经·卷 1》，见《宋元浙江方志集成》第 7 册，杭州出版社 2009 年版，第 2880 页。

多。据《高丽史》记载，去高丽经商的浙人，公元 1031 年 6 月有台州商人陈惟忠等六十四人；1038 年 8 月有明州、台州商人陈亮、陈绩等一百四十七人；1049 年有台州商人徐赞等七十一人。[①]

浙江贸易活动在元代进一步发达。《元史 · 食货志二》载："二十一年，设市舶都运司于杭泉二州，官自具船，给本，选人入蕃贸易诸货，其所获之息，以十分为率，官取其七，所易人得其三。"[②]加之元朝政府在浙江的庆元（今宁波）、温州、澉浦、杭州四处设市舶司的贸易港，商贾往来频繁。当时的宁波"蛮夷诸番舟帆所通，为一据会总隘之地"（《至正四明续志》卷三）。其中澉浦"远涉诸蕃，近通福、广（《元典章 · 卷五九》）"[③]，温州则是"百货所萃，廛氓贾竖成附趋之"[④]。庆元也是十分兴旺，时人张翥撰诗写道："是邦控岛夷，走集聚商舸，珠香杂犀象，税入何其多！"[⑤]

明代的时候，浙江的海外丝绸贸易达到鼎盛，在明州设市舶提举司。万历年间，江南地区"舟航水塞，车马陆填，百货之委，商贾贸迁，珠玉象犀，南金大贝。侏儒雕口，诸藩毕萃，既庶且富"。明朝末年，宁波经济发达，十分繁荣。"明自嘉靖、万历以后，进入中国历史上最具有近代气息、值得重视的一个时代"[⑥]，明清时期，浙江的龙游商帮和宁波商帮成为十大著名商帮，涌现了红顶商人胡雪岩、"早期海外宁波商帮代表人物"吴锦堂、湖州南浔的"四象八牛七十二狗"[⑦]等知名浙商。一波波浙江人奔走于经商之路，使得浙商逐渐发展为一个令人注目的群体。

明代在民间流传着有关地域商人的三句谚语："钻天洞庭遍地徽。""无徽不成镇。""遍地龙游。"生动地反映了当时龙游商帮的活跃程度与巨大影响。明代中叶之后，龙游商帮兴盛一时，与徽商、晋商、江右商、宁波商等并

---

① 陈炎：《古代浙江在海上"丝绸之路"中的地位》——兼论浙江历代的海外丝绸贸易》，见杭州商学院学报编辑室编《浙江商业史研究文选》（第一辑），1982 年版，第 9 页。

② 宋濂等撰，阎崇东等校点：《元史中》，岳麓书社 1998 年版，第 1373 页。

③ 《元史 · 食货》卷九四。

④ 黄溍：《永嘉县重修海堤记》，见王颋校注《黄溍全集上》，天津古籍出版社 2008 年版，第 302 页。

⑤ 张翥：《送黄中玉之庆元市舶》，见《元音》卷九，转引自潘同生编著《中国经济诗今释》，中国财政经济出版社 2000 年版，第 299 页。

⑥ 中国社会科学院历史研究所明史研究室编：《明史研究论丛》第 1 辑，江苏人民出版社 1982 年版，第 29 页。

⑦ 《吴兴农村经济》记载："所谓'四象、八牛、七十二狗'者，皆资本雄厚，或自为丝通事，或有近亲为丝通事者。财产达百万以上者称之曰'象'，五十万以上不过百万者称之曰'牛'，其在三十万以上不过五十万者则譬之曰'狗'。所谓'象''牛''狗'，皆以其身躯之大小，象征丝商财产之巨细也。"

称为十大商帮。龙游商帮尽管以县域命名，却远不止龙游一地，而是涵盖了当时衢州府所辖的西安、常山、开化、龙游、江山等县的所有商人，因龙游商人人数最多，经商手段最为高明，活动范围最广，积累资金最多，故以龙游商帮概称之。

龙游是"入闽要道""金衢处徽之冲"。作为浙皖闽赣的交通枢纽，龙游是古代重要盐道饷道必经之地。明人徐复出说："邑（龙游）当孔道，舟车所至，商货所通，纷宗填溢。"优越的地理位置为龙游商业活动的展开提供了基础。龙游经商之风起于宋代："南宋时，韦塘村人朱世荣……流寓常州，致巨富，置业亘常州三县之半。后归里，复大置产，当时以为财雄衢常二郡。"（民国《龙游县志·卷二四》）明万历壬子《龙游县志·风俗》记载："贾挟资以出，守为恒业，即泰晋滇蜀，万里视若比舍。谚曰：遍地龙游。其积习可慨焉。"龙游人不畏路途艰辛，背井离乡从事商业活动。天启《衢州府志·卷十六》中说："龙游之民，多向天涯海角，远行商贾。几空县之半，而居家耕种者仅当县之半。"经商已成为龙游的鲜明特征，明朝隆庆—万历年间知县涂杰深察其俗："龙游，衢之要邑也，其民庶饶，喜商贾，士则缉学缀文取仕进。"（《建龙游城记》）万历间知县万廷谦《申明乡约保甲条规》："龙丘之民，往往半糊口于四方。诵读之外，农贾相半。"远行商贾之风至晚明有增无减，愈来愈炽。叶敬君《禁米论》："龙游之民，为商贾几半，耕者少。"（明崇祯《开化县志》卷一《建置志·仓储》）至清康熙间，"其居家土著者，不过十之三四耳"（康熙《龙游县志·余恂序》，卷四《田赋志附物产》亦有载）。古代缺乏精确统计，大体而言，从明嘉靖、隆庆、万历以及清康熙间，龙游从商人数有增无减。①

二、近现代浙商的崛起

明清之际，龙游商帮、宁波商帮列入十大商帮，为浙商的历史发展留下浓墨重彩的一笔。清末以降，宁波、温州等地相继开埠，越来越多的浙江人投入实业救国的行列，创办各种实业。浙商群体步入整体崛起的良性发展态势，由此浙商成为近代商业的中坚力量。

法国学者小科布尔指出："浙江帮完全统治着上海的商业活动，以致这

---

① 陈学文：《天涯贾客、无远弗届：龙游商帮的历史辉煌》，载《浙江外国语学院学报》，2014 年第 6 期。

一名词变得可以与‘上海财阀’和‘上海资本家’这些专有名词交替使用。”① 近代浙商在上海的立足与强大，与上海开埠有着不可分割的联系。姚公鹤在1917年的《上海闲话》中曾感慨地指出：“上海兵事凡经三次：第一次道光时英人之役，为上海开埠之造因；第二次咸丰初刘丽川之役，为华界人民聚居租界之造因；第三次咸丰末太平军之役，为江浙及长江一带人民聚居租界之造因。经一次兵事，则租界繁荣一次。……租界一隅，平时为大商埠，乱时为极乐园。”②据史料记载，上海开埠之初，其客籍移民中以闽广籍势力最大。但在小刀会起义之后，这种格局发生了根本性的变化。小刀会起义以闽广籍商民为主，起义被镇压之后，地方政府制定了一系列的善后措施，对作乱的广东帮和福建帮进行了制裁，使闽广移民在上海受到严重打击。与此同时，受太平天国战事的影响而饱受离乱之苦的江浙一带的富豪和士绅们“争趋沪滨”。上海由闽广人的天下而变成江浙人的天下。到1885年，公共租界内的广东移民降到21013人，福建籍移民降至708人，而江浙移民则增至80908人。大量江浙文人投身于报馆、书局，成为现代出版文化的主体。③ 上海由此成为浙商风云驰骋的乐园，在上海实业界，有了“浙江帮”的称誉。在最能反映中国各区域商人群体在商界中地位和影响的上海总商会中，浙江商人长期掌握着最高领导权。从1902年上海商业会议公所成立到1929年总商会被改组的27年间，浙籍巨商14人次当选总理（会长），总任职年限达23年，当选总商会副职也达13人次；在历届总商会会董、会员中，浙江商人所占比例也都在50%左右，最高超过72%。④

浙商的经营行业囊括船运业、钱庄业和银行业、成衣业、珠宝业等，浙商在很多经营行业都起着领头羊的作用。以金融业为例，在近现代中国的金融发展史上，从钱庄业到银行业的约500年的演变中，浙商是极为活跃且有着广泛而深远的影响的重要力量。据《上海钱庄史料》记载，19世纪初，上海有4家钱庄以上的资本家家族集团共有9个，其中宁波就占了5个，分别是宁波镇海的方家、李家、叶家，慈溪董家和宁波秦家五大家族集团。1921年，上海的华人钱庄共有69家，其中绍兴人开的就有38家，宁波人开的有16家；1933年，上海72家钱庄中，绍兴帮占了37家。为此，王孝通在《中国商业史》中这样写道：“清代钱庄，绍兴一派最有势力，当时阻止

---

① ［法］帕克斯·M.小科布尔《国民党政权与上海资本家》，见《国外中国近代史研究》第一辑，中国社会科学出版社1981年版，第212页。

② 姚公鹤：《上海闲话》，商务印书馆1917年版，第60页。

③ 邹依仁：《旧上海人口变迁的研究》，上海人民出版社1980年版，第114页。

④ 陶水木：《论近代浙商精神》，载《商业经济与管理》2001年第1期，第60页。

票号势力不得越长江而南者，此派之力也。浙人性机警，有胆识，具敏活之手腕，特别之眼光，其经营商业也，不墨守成规，而能临机应变，故能与票号抗衡，在南中独树一帜。其营业区域，在长江南北，且利用交通之便利，浸而蔓延各地。其大本营在上海、汉口二处，而南京、镇江、芜湖、九江等处，也在势力范围之内。”①在钱庄业之外，中国早期的商办银行，很多是浙商主办或者参与的。1897年，严信厚、叶澄衷和朱葆三位宁波金融家共同创办了中国人自办的第一家商办银行——中国通商银行。1907年成立的浙江兴业银行，1908年成立的四明银行，1909年成立的浙江银行等，浙籍商人都发挥了重要的作用。

德国地质学家利希霍芬曾于1868—1872年间在中国进行地质地理考察，在将近4年时间中，足迹遍布大半个中国，而东南部是他最早涉足也是接触最频繁的地区，他在《中国——亲身旅行和据此所作研究的成果》中详细描述了中国17个省的性格特点，对于浙江省的描述如下：“浙江省人，由杂种多样的人组成，……山地风土各异，沿海较为整齐，与福建相同。沿海有特殊种族，如宁波人。宁波人在勤奋、奋斗努力、对大事业的热心和大企业家精神方面较为优秀。一般的浙江人性格柔软，给接触者以好感。……宁波人是浙江人中的特殊分子，宁波人在上海的势力很大，船夫、水手的大部分都是宁波苦力，宁波出身的男佣正驱逐着广东出生的。然而势力更大的是买卖人，尤其是商业中的宁波人，完全可以和犹太人媲美。广东商人作为大商人，要求和欧洲人一样的价格，而宁波商人则更看重小的、零碎的利润。宁波人中最值得注意的是宁波北部的慈溪人。”②利希霍芬以外来者的眼光敏锐洞察了宁波人的特性，而在近现代浙商中，宁波商帮的确是最为突出的显赫存在。

“一本万利开典当，二龙抢珠珠宝行，山珍海味南货店，四季发财水果行，五颜六色绸布庄，六洋顺风鲜货行，七星高照古董店，八字墙门开钱庄，九巧玲珑贳器店。十字街头开茶坊。”这是宁波近代《十字歌头》对浙商经营范围和经商心态的生动描绘。宁波素有“鱼盐粮食码头”之称，拥有优越的地理位置。李卫（1686—1738）在《宁波府志·序》中描写宁波的自然形势说：“宁郡六县，县皆滨海，蛟门虎蹲，雄峙海口，招宝一山，屏障大洋，西南自吟粤，东北达辽左，延袤一万四千余里，商船番舶，乘潮出没，无不取道

① 王孝通：《中国商业史》，商务印书馆1936年版，第221页。

② ［德］利希霍芬：《中国17省人的性格特点》，见沙莲香：《中国民族性1》，中国人民大学出版社1989年版，第299页。

蛟门，经由招宝。内则联络众省，外则控制东侯，通省之门户，实亦东南一大关键。”到了清代，尤其是自 1844 年开埠之后，宁波成为重要的贸易城市。光绪年间《鄞县志》卷 2 记载：“西国通商，百货咸备，银钱市直之高下，呼吸及苏、杭、上海相通，转动既灵，市易愈广，滨江列屋大都皆廛肆矣。”物资集散，商贾云集。《上海四明公所缘起》记载：“盖甬人之旅沪，自明至清数百年矣。”到清末在上海的宁波人已达 40 万人。旅沪的宁波商帮被认为是“来沪经商最有手腕和力量”的帮口之一。[①] 据《上海的发端》等资料统计，自清末至 1930 年间，在沪 35 种民营行业（如银行、交易所、航运、化工、染织、毛纺、水泥、仪器、灯泡、电表、钟表、五金、医药、印刷、烟草、南货、西服等等）的“沪上第一”，均由宁波帮企业家首创。

民国期间，宁波商帮持续发展，影响持续扩大。据中国征信所 1936 年编印的《上海工商名录》，上海工商界 1836 人中，宁波籍商人有 453 人，占四分之一。[②] 1929 年，魏颂唐在《浙江经济纪略》中论及宁波人说：“邑人富于冒险进取性，出外业航运及工商业者甚众，类多获利，在津沪等处执商界之牛耳。”宁波帮的冒险精神也令绍兴帮赞叹不已。1919 年《绍兴旅沪同乡会季报》在论及宁波帮何以发达时说：“甬人善进取，富冒险性，故国内大埠、海外名都，咸有其踵迹，各帮各行，咸有其事业，其经商之魄力雄厚，其营业之范围广阔。”[③]宁波商帮的表现还曾得到孙中山的赞誉。1916 年 8 月 24 日，孙中山出席宁波各界举行的欢迎会发表演说时，曾这样评价宁波商人：“今观宁波之情形，则又为浙省之冠。查甬地开埠在广东之后，而风气之开不在粤省之下。且凡吾国各埠，莫不有甬人事业，即欧洲各国，亦多甬商足迹，其能力之大，固可首屈一指者也。”[④]

---

① 吴拯寰：《旧上海商业中的帮口》，见上海市文史馆，上海市人民政府参事室文史资料工作委员会编：《上海地方史资料 3》，上海社会科学院出版社 1984 年版，第 102 页。

② 杨轶清：《浙商简史》，浙江人民出版社 2013 年版，第 96 页。

③ 陶水木：《浙江商帮与上海经济近代化研究》，上海三联书店 2000 年版，第 309 页。

④ 孙中山：《在宁波各界欢迎会上的演说》（1916 年 8 月 24 日），见中国社科院近代史所等编《孙中山全集第 3 卷 1913—1916》，中华书局 2011 年版，第 352 页。

第二节　浙江出版文化与藏书文化

一、浙江的造纸业与刻书业

17 世纪，英国哲学家、现代实验科学的始祖弗兰西斯·培根曾说："我们若要观察新发明的力量、效能和结果，最显著的例子便是印刷术、火药和指南针了……这三种发明将令世界事物的面貌和状态都改变了，又从而产生无数的变化：印刷术在文学，火药在战争，指南针在航海。历史上，没有任何帝国、宗教或显赫人物，能比这三大发明对人类的事物有更大的影响力。我们现在很清楚地知道发明是来自中国的。"①印刷术的发明对整个人类文明的进程有着重要影响。作为印刷术起源的中国，长期以来在文明发展方面占有优势地位。"到 15 世纪末，中国出版的书籍可能比所有其他国家的总和还要多。"②

人杰地灵的浙江，素有"文化之邦"的美誉。河姆渡遗址出土文物中牙雕、骨雕、木雕等就已显示出精湛的雕刻艺术，良渚文化遗址发现的玉琮、玉璧等雕刻都异常精美；同时河姆渡遗址的印纹陶文化、出土的春秋战国时期青铜器上的铭文都彰显了浙江源远流长的文化印记。《史记·秦始皇本纪第六》记载："上会稽，祭大禹，望于南海，而立石刻颂秦德。"唐代张守节的《史记正义》中说："其碑见在会稽山上，其文及书皆李斯，其字四寸，画如小楷，圆镌。今文字整顿，是小篆也。"这成为浙江的石刻书的例证。

东晋时期，佛教大规模传入中国，当时浙江佛教文化很是发达，杭州的灵隐寺、宁波的阿育王寺、天童寺等都创建于这一时期，佛教的兴盛为后来大规模刻印佛经做了社会需求的准备。同时，东晋时期浙江的造纸业有了新的发展。东晋时期剡县剡溪（今嵊州曹娥江上游）和余杭的油拳村盛产藤纸。藤纸是质地优良的一种纸张，到唐代仍负盛名。此外，还有用破旧麻布制造的麻纸，质地精美，产量也多。南朝书法家写字多用麻纸，王羲之为会稽内史时，就曾把会稽郡库存的九万张纸赠送给谢安。当时在这种麻

---

① 李约瑟：《古代中国科学对世界的影响》，转引自香港《大公报》1974 年 5 月 29 日。

② 转引自[英]约翰·霍布森《西方文明的东方起源》，孙建党译，山东画报出版社 2009 年版，第 165 页。

纸上涂一层黄色防蠹药物，称为黄纸。桓玄曾下令政府机关“诸用简者，皆用黄纸代之”，可见纸的产量很大，这就为后来印刷术的发明做了主要物质材料的准备。①

唐代之后，浙江的造纸业有了进一步的发展，全省各地有很多造纸作坊。杭州、衢州、婺州、越州的上细黄白状纸，都是进贡的名纸。尤其是剡县的藤纸、玉叶纸，闻名全国。吴越国时曾有由拳纸，钱氏诸王书籍多用余杭县由拳村产的藤纸书写，当时温州还出蠲纸，宋程《三柳轩杂识》云：“温州作‘蠲纸’，洁白坚滑，大略类高丽纸。东南出纸处最多，此当为第一焉。……吴越钱氏时供此纸者，蠲其赋役，故号蠲（纸）云。”宋代之后，出了藤纸，又以越州的竹纸更为知名。北宋苏易简《纸谱》云：“江、浙间多以嫩竹为纸。北土以桑皮为纸。剡溪以藤为纸。……浙人以麦茎、稻秆为之者脆薄焉。以麦藁、油藤为之者尤佳。”越州的竹纸独步天下。北宋书画家米芾曾写就《越州竹纸诗》：“越�万杵如金版，安用杭油与池茧。高压巴郡乌丝栏，平欺泽国清华炼。”在宋代，越州竹纸的质量广为人称道。南宋陈槱《负暄野录》卷下云：“今越之竹纸，甲于他处”“其色如蜡，若以佳墨作字，其光可鉴。”

正是基于优良的造纸条件，浙江成为全国最早刊刻书籍的省份之一。元稹在唐穆宗长庆四年（824）任浙东观察使时曾为白居易所编的《白氏长庆集》作序，写道：“扬、越间多作书，摹勒乐天及予杂诗，卖于市肆中也。”②这是中唐时刻印书籍的重要记载，因为元稹、白居易的诗歌受到民众喜欢，所以就有将诗歌汇集成册，刻印出售。王国维在《〈两浙古刊本考〉序》中云：“雕版之兴，远在唐代。其初见于纪载者，吴蜀也，而吾浙为尤先。元微之作《白氏长庆集序》自注曰：‘扬、越间多作书，摹勒乐天及予杂诗，卖于市肆中也。’夫刻石亦云摹勒，而作书鬻卖，自非雕版不可，则唐之中叶，吾浙已有刊板矣。”③

五代吴越国自吴越王钱穆以降，钱氏诸王都信奉佛教，刊印了大量佛经，印刷规模、印刷数量都相当可观，留存下显德本《宝箧印经》、开宝本《宝箧印经》等实物，还有彩绘观音像等。吴越国的高僧钱弘俶与延寿所印佛教经像、咒语，有数字可考者，共计六十八万二千卷（或本）。数量之巨，在

① 邵海忠、周以成、朱锦东：《浙江印刷文化》，中国文联出版社 2006 年版，第 29 页。

② 元稹：《白氏长庆集序》，《白居易》第 1 册，中华书局 1979 年版。

③ 王国维：《〈两浙古刊本考〉序》，见姚金铭、王燕编：《王国维文集》第四卷，中国文史出版社 1997 年版，第 231 页。

我国印刷史上可说是空前的。可见其时刻工、印工之众多。吴越印刷事业的兴盛与高水平的印刷技术，在我国雕版印刷史上实有承先启后之功。宋代杭刻冠于全国，而北宋杭州的刻印技术，实际上是受到吴越老刻工、印工的传授指导而发展起来的，有的刻工、印工可能还直接参加了宋初印本书的生产。①

宋代，浙江的印刷刻书步入鼎盛时期。北宋时，杭州已是朝廷的重要刻书基地。当时刊印经史书籍的官方机构有国子监、崇文苑、秘书省、国史院等，其中国子监最为重要。尽管北宋的国子监设在开封，可是国子监的很多经书、史书等重要书籍都是在杭州刊印的。如《周礼》《仪礼》《史记》《汉书》等都是"杭州刻板"。王国维对北宋杭州刻印的"监本"有专门的考证："宋初淳化(990—995)中，国子监刊'五经正义'，不知命何地镂板；至咸平(998—1003)中，《七经正义》，则刊于杭州。《仪礼疏》后有校勘经进官衔名，其中有'杭州监雕印板'字样。"②除了承担国子监托付的刊刻书籍之外，当时知名的刻书机构还有"市易务"，这在苏轼的《乞赐州学书板状》中有详细记载。

到了南宋，浙江的刻书业更加繁荣昌盛。高宗建都临安之后，于绍兴十三年(1143)，在钱塘县修建了国子监，所刊书籍称为"监本"。绍兴年间，临安府刊刻《仪礼疏》所使用的刊工多达160人。临安会子库印会子的工人，每日多达204人。国子监整理恢复并刊印了大量儒家经典和史书，同时对先秦汉代诸子著作、医书、算书、佛经和唐宋名家诗文选等，都进行了大量刊印。王国维《五代两宋监本考》记载，宋代监本有182种，其中大半为杭州刻印。"除杭州刻书最多、最精之外，浙江其他地区也都刻书，如绍兴、宁波、台州、严州、嘉兴、湖州、温州、衢州、婺州、建德等都有刻书并留传于后世。"③可以说，其时浙江的各种坊刻本、私刻本、官刻本、佛寺刻、学院刻都有很高的水平，在全国享有盛誉。

元代浙江的刊印事业不复宋朝的盛况，但总体来说依旧是全国书籍刻印的中心之一。杭州西湖书院刊刻了大量书籍。《辽史》《金史》《宋史》等大型史书，《农桑辑要》等重要图书都是在杭州刊印的，一些书坊还刊刻了元杂剧。

---

① 张秀民:《五代吴越国的印刷》《张秀民印刷史论文集》，印刷工业出版社1988年版，第73页。

② 王国维:《两浙古刊本考》卷上，见《海宁王静安先生遗书》第34册，商务印书馆1940年版，第1页。

③ 王国维:《五代两宋监本考》，商务印务馆1976年版，第32页。

到了明代，刊刻书籍以杭州为主，据张秀民《中国印刷史》记载，至今可考者有古杭勤德书堂、杭州众安桥杨家经坊等二十四家，刊刻精美。值得一提的是，明代之后，浙江藏书家闻名全国，如宁波的天一阁就是知名的藏书楼，藏书家有胡文焕、胡应麟、洪楩、胡震亨等。清代同治六年，浙江官书局设立，是当时的金陵、苏州、扬州、武昌等五大官书局中刻书最多且最精者，“皆觅善本，精校重刻，墨模线订，流传海内，后之藏书，珍逾宋元而上矣”（丁申《武林藏书录》），刊刻有黄以周的《拾遗》六十卷、《玉海》重刻本、《汉书艺文志考》、《二十二子》、《十通》等。洪焕椿《浙江文献丛考》载：“浙江书局自同治六年到光绪十一年（1867—1885），先后刊书达二百多种。……总计浙局在清末以前所雕刻的版片，凡十二万八千一百零八片。”[①]此外，浙江敷文、紫阳、诂经精舍三大书院也都有刊书。

到了近代，浙江先后创立过不少有影响的图书出版机构，如晚清的浙江书局、西泠印社，民国时期的六艺书局、正中书局、宋经楼书局等，都编辑出版过不少优秀书刊。而在浙江本土书局之外，张元济、陆费逵、沈知方等投身商务印书馆、中华书局、世界书局等现代出版机构的“文化浙商”，以上海这个出版中心为舞台，为现代出版文化发展做出了浙江商人的贡献。

二、浙江的藏书文化

浙江很早就有藏书的传统，形成了独特的藏书文化。浙江的私家藏书事业，有确切文献记载的至少可追溯到魏晋年间的范平、范蔚祖孙。当时范氏的藏书规模已达7000余卷。此后，浙江的私家藏书事业历代延绵：勃兴于宋，持续于元，繁荣于明，鼎盛于清，至民国年间仍余绪不绝。[②] 吴晗《两浙藏书家史略》初步统计，晋至清末浙江私人藏书家就有399人，遍布全省48县，有名可稽的藏书楼186处。历代藏书家中有不少名家，如南朝的沈约，五代的钱惟演，南宋的陆警、陆游父子和叶梦得、陈振孙，明清之际的黄宗羲、朱彝尊，等等。而闻名全国的藏书楼有明代的山阴祁承㸁的澹生堂，范氏的天一阁，余姚纽石溪的世学楼，宁波陈自舜的云在楼，汪启淑的开万堂，鲍廷博的知不足斋，等等，尤其是杭州丁氏八千卷楼、湖州陆氏皕宋楼，名列清末全国四大藏书楼。而创建于明嘉靖年间的宁波天一阁已有400多年历史，历数百年而不败，完好地保存至今，是我国现存最早的古

① 洪焕椿：《浙江文献丛考》，浙江人民出版社1983年版，第111页。

② 浙江省图书馆志编纂委员会编：《浙江省图书馆志》，中华书籍出版社1994年版，第37页。

藏书楼。

浙江的藏书家和藏书楼遍布省内各地，杭嘉湖、宁绍台、金温衢各地都有众多藏书楼。清代藏书家丁申在《武林藏书录》中称："武林（即杭州）为浙中首郡，天水行都，声名文物，甲于寰宇。士多好学，家尚蓄书，流风遗韵，扇逸留芬。"[①]浙江吴兴（湖州）也是藏书家辈出之地。清初，吴兴郑元庆辑郡志《湖录》6卷，载自宋、梁至明藏书家20余人。嘉庆时，范锴将其整理为《吴兴藏书录》一卷，并序称："昔我吴兴士大夫，多好学而嗜书，流风遗韵，由来旧矣。"[②]湖州南浔嘉业堂则是民国年间规模最大、所藏最精的私家藏书楼。

除却私家藏书，还有皇室宫廷藏书、书院藏书和佛寺道观藏书等。藏书楼承担着储藏书籍和提供阅读场所的功用。清乾、嘉时期，江浙一带不仅为全国著名藏书中心，同时也是重要的学术研究中心，著名藏书家兼考据学家，如黄丕烈、顾之逵、孙星衍、吴骞、陈鳣、顾广圻等，咸居于此，相互切磋学术、交流藏书心得，使考据、校雠之学独步一时。[③] 私家藏书楼也促进了浙江学术的繁荣。如明清浙江私家藏书楼哺育、支撑了以经世致用为宗旨的浙东学派；明末清初余姚续钞堂黄宗羲及其学生万斯同、清代宁波双韭山房全祖望以及章学诚等人，不仅是私家藏书楼的重要代表人物，而且是浙东学派的重要代表人物。

第三节 浙商与浙江的文化事业

浙江素有重商的传统，明末清初黄宗羲就率先提出了"工商皆本"的思想："士儒不察，以工商为末，妄议抑之。夫工固圣王之所欲来，商又使其愿出于途者，盖皆本也。"[④]但是，作为人文荟萃之地，浙江本土深厚的文化滋养了浙商。浙商作为一个特殊的群体，在中国商业史占有一席之地，但浙商并非唯利行事，在促进经济发展的同时，在文化方面也颇多建树。人们以往大多注重浙商经济活动，而对浙商传统中的文化活动关注较少。其实浙商传统中有很浓厚的文化情结。这既与浙江丰厚的人文传统有着紧密

① 丁申：《武林藏书录》，《澹生堂藏书约》(外八种)合刊本，上海古籍出版社2005年版。
② 范锴：《吴兴藏书录·序》，古典文学出版社1957年版。
③ 李雪梅：《中国近代藏书文化》，现代出版社1999年版，第125—126页。
④ 黄宗羲：《明夷待访录·财计三》，中华书局1981年版，第41页。

的关联，又是浙商文化活动的典型反应，龙游商帮就是代表之一。

龙游是姑蔑文化发祥地，这种文化的深厚渊源在龙游商帮的活动中得以延续。龙游商帮在山货业、珠宝业、丝绸业等经营项目之外，还从事造纸业、印书业、贩书业等文化传播活动，这使得龙游商帮在浙商群体中独树一帜。刻书贩书是龙游商帮的主业。这得益于当地盛产竹木的地域特色。竹木是造纸的原材料，也是刻书的基础。龙游造纸历史悠久，竹纸是就地取材的龙游县传统商品。明中叶龙游烧纸优于各地，畅销四方。许多商人投身于纸张的贸易。龙游纸最大贸易市场是溪口镇，各地客商聚集于此从事纸张的交易，其“繁盛乃倍于城市焉”。① 龙游造纸业的优势在清末民国仍得以延续，在国民经济中占有很大的比重。1939 年产南屏纸 20 万担，花笺纸 1.5 万担，手工新闻纸 5000 令，总产值达 102.7 万元。② 尽管从用途来说，龙游产的纸没有直接用在文化用途，如南屏纸多用于北方寒冷干燥地区的裱糊窗壁，而花笺纸多用于祭祀，但龙游造纸业的繁盛局面可见一斑。

造纸业的兴盛也滋养了当地发达的书院文化和刻印传统。自孔府南宗随宋室南迁至衢州后，一府五县遍布书院，仅龙游一县就有 33 所书院。元徐伯彪《文庙记》载：“儒风甲于一郡。”明代名臣商辂曾掌教龙游“祝家教馆”。这些地方士子学人善于校勘刻印书籍，所印之书遂成为畅销的珍善佳本。明代除杭州之外，全省著名刻书坊，嘉兴宁波台州各一家，而衢州就有 7 家，加上龙游童佩一家。进入清代，专门开书店经营书业的龙游望族余氏直接把书坊开到江南去，延揽学者为他校勘，力求提升书的质量。至清初尚有龙游余氏开设书肆于娄县，经营出版业务。“清初龙游余氏开书肆于娄。刊读本四书。字画无讹。远近购买。是时吾州学究金绩，号雪泉。主其家。实校雠之。”③

龙游本地深厚的文化传统也影响了龙游商人的经营活动，龙游商人以书贾为多。所谓“越人多往来吾吴中。以鬻为业”。最为典型的是胡贸和童佩。唐顺之《荆川先生文集・卷十二・胡贸棺记》中说：童佩、胡贸“最称儒雅”，“往来贾书肆及士人家”，“书佣胡贸，龙游人，父兄故书贾，贸少，乏资不能贾，而以善锥书往来贾书肆及士人家”。④ 童佩是著名的亦儒亦贾的

① 民国《龙游县志・卷六・食货志》。

② 杨轶清：《浙商简史》，浙江人民出版社 2013 年版，第 41 页。

③ 王祖畬纂修：民国《太仓州志・卷二十八・杂记下》。

④ 唐顺之：《荆川先生文集》卷十二《记・胡贸棺记》。

书商，王世贞称之为“亦善以书贾”。童佩(1524—1578)，字子鸣，一字少瑜，龙游县谷水乡桐冈坞村人，明代著名藏书家，藏书有两万五千卷，多秘帙。王世贞称其“藏书万卷，皆其手所校者”[①]。胡应麟在《报童子鸣书》说：“得足下藏书目阅之，所胪列经史子集，皆犁然会心，令人手舞足蹈。”童佩一家世为书贾，其父彦清就以鬻书为业。童佩幼时“家贫，不能从塾师”，自幼就跟随父亲到苏州、杭州、常州、无锡等各地贩书，好读书“穷日夜不休”，“能为诗，清俊可颂”，闲暇潜心读书，“弱冠尽通五经三史诸书”，曾问学于归有光，所写之诗有清韵，以诗文游于公卿之间。[②] 曾辑有《徐侍郎集》二卷，著有《童子鸣集》六卷。

清人叶昌炽的《藏书纪事诗》是一部以纪事诗为古代藏书家立传的著作。该书中就有诗《童佩子鸣》：“高士南州以礼罗，前苌后佩接云萝。龙丘一叶藏书舫，卧听烟波渔父歌。”叶昌炽的诗歌融合了诸多典故，这首诗就融合王世贞《童子鸣传》《列朝诗传》等内容。王世贞的《童子鸣传》，内容如下：

> 童子鸣名佩，世为龙游人。父曰彦清、子鸣少依父游，诗有清韵，尤善考证诸书画名迹、古碑彝敦之属。兄珊举于邑，为诸生。子鸣归，必就兄书舍买升酒相劳苦。高淳韩邦宪出守衢，行部过其家龙丘山坞中，索所辑唐故邑令杨炯、邑人徐安贞集，锓梓行之。遂下教邑纲记：“南州杜门，文举守骖；北海为政，康成标里。”龙丘逸民之薮，前苌后佩，千载两贤。苌犹托迹功曹，一试綦组，而童君毕志云萝，声迹俱挫，可谓皭然不滓，瞻之在前矣。其树楔左闾，以风在野。子鸣卒年仅五十四，有藏书万卷，皆其手所雠校。[③]

《列朝诗传》：“童书贾飒，字子鸣，一字少瑜。从其父以鬻书为业，往来吴越间，买一舫不能直顶，帆樯下皆贮书，读之穷日夜不休。”《少室山房笔丛》则道：“龙丘童子鸣家藏书二万五千卷，余尝得其目，颇多秘帙。”王渔洋《跋童子鸣集》：“余观南宋陈思撰《宝刻丛编》，叹书贾中乃有嗜古雅尚如斯

① 王河主：《中国历代藏书家辞典》，同济大学出版社 1991 年版，第 417 页。

② 摘自钱谦益《列朝诗集小传》丁集《童书贾佩》、归有光《震川先生集》卷九《送童子鸣序》、王世贞《弇州山人续稿》卷七二《童子鸣传》、王稚登《金昌集》卷四《童君传》、《四库全书总目》卷一七八《童子鸣集》提要。

③ 王世贞：《童子鸣传》，见叶昌炽：《藏书纪事诗》，北京燕山出版社 2008 年版，第 565 页。

人者。龙游童子鸣，亦以贾书有诗名。其集吴郡黄河水所定，凡六卷。”此外，俞宪《盛明百家诗》后编《童贾集》小序中说：“紫山以鬻书为业，而志存儒道，兼有事于诗文，盖隐于贾者也。”[①]这是对童佩的准确概括，也从一个侧面反映了龙游商帮的文化追求。

浙商在积极推动中国经济近代化的同时，在教育、文化、慈善等方面都有着贡献和影响。仅以近代慈善公益事业来说，浙商就是很重要的参与力量。近代浙商资助、创办的善堂不但处理各种各样的慈善活动，而且打破传统善堂的畛域、宗族和功能单一等方面的局限性，其中有些已开始演变为公益事业的组成部分。近代浙商绅商积极参与义赈活动，为此义贩的兴起和发展都与浙商紧密相关：胡雪岩、经元善发起最早的“丁戊奇荒”义赈，开启了民间救灾的新模式；陆树藩、严信厚的“庚子之变”的难民救济催生了中国最早的红十字会；朱英三、王一亭在20世纪20年代的义贩中与国际合作，诞生了中外合作的常设机构——华洋义照会；浙商甚至还参与了国际灾难的义贩活动。此外，浙商在近代教育和公共设施建设方面也有不俗表现。[②]

二、浙商与浙江藏书文化

“近来银行家多喜藏书，武进陶兰泉、上海刘晦之其最著者也。闻杭州叶揆初者，亦浙江兴业银业银行董事，收藏稿本、钞校本甚多。往日藏书之事多属官僚，今则移之商家。官僚中虽不乏有力者，而忙于钻营征逐，无暇及此，亦可以觇风气之变迁也。”[③]明伦的观察深刻地洞察了近现代藏书事业的发展和变化，他所提到的叶揆初就是浙商参与藏书文化的典型代表。据不完全统计，各类投身实业的浙商藏书家有经营盐业的张钧衡之适园、王绶珊之九峰旧庐、胡廷之琳琅秘室，经营银行业的叶景葵之卷庵、刘体智之远碧楼、蒋抑卮之凡将堂，经营蚕丝业的蒋汝藻之密韵楼和刘承干之嘉业堂，等等。此外，陆心源之皕宋楼、丁丙之八千卷楼、王存善之知悔斋、徐树兰之古越藏书楼、秦润卿之抹云楼等也都是商人背景。此外，清代著名的藏书家、刻书家鲍廷博，其藏书活动和刻书事业主要是在杭州，同时，鲍

① 明俞宪编：《盛明百家诗》（明嘉靖到万历刻本），转引自张德建：《明代山人文学研究》，湖南人民出版社2005年版，第128页。

② 王春霞、刘惠新：《近代浙商与慈善公益事业研究1840—1938》，中国社会科学出版社2009年版，第11—12页。

③ 王余光、李东来主编：《伦明全集1》，广东人民出版社2012年版，第138—139页。

廷博少习计会，以冶坊为世业，也可说是商人投身藏书业的一大代表。浙商的参与为浙江藏书提供了强大的经济后盾，雄厚的资金为书籍的购买与聚拢提供了重要的经济基础。项士元在《浙江藏书家考略》中指出，浙江藏书业"以地域言，杭、嘉、湖、宁、婺属为最盛，台、温次之"，而"嘉、湖之间，藏家尤盛"。藏书家的分布与当地的经济发展状况有着紧密的联系。正如尹铁的研究所示：近代浙江的藏书家中，商人占相当部分。由于近代社会经济关系的改变，以前藏书丰富的官僚地主，有的家道中落，有的宦途失意，于是就有出售藏书之举，而有经济实力的商人起而代之，从事藏书业，商人藏书家成为近代浙江藏书业一道独特的风景线。①

王绶珊(1873—1938)，名体仁，浙江绍兴人。辛亥革命后居上海。以经营盐业起家，嗜典籍，筑九峰旧庐于杭州，藏有宋元本百余种。据杜国盛《九峰旧庐藏书记》，其中收铁琴铜剑楼宋版书八种，收邓氏群碧楼宋元版二十四种，明本一千余种，方志尤甚，富达二千八百余部，且多珍善孤本。顾颉刚序《九峰旧庐方志目录》曰："先生迩年以收集郡县志乘为职志，远自陇西，僻及滇南，奔凑而至，九峰旧庐中为之充积而不可回旋。"王绶珊故后，其所藏之大部分售与当时南京地质研究所。据《文献家通考》，王绶珊从瞿氏所购之北宋本《汉书》等十种，为陈澄中所得，今藏北京国家图书馆。其他大部分则为清华大学图书馆所得，尤以方志为多，且多罕见本。②

丁丙(1832—1899)，字嘉鱼，别字松生，晚号松存。曾经营实业，参与创办杭州世经缫丝厂、塘栖大纶丝厂、杭州通益公纱厂。丁丙和其兄丁申都嗜好藏书，丙因保护文澜阁《四库全书》而闻名。"八千卷楼"藏书达二十万卷，且具有独到之处：一是所藏之书多为修《四库全书》的底本，可借此审视清乾隆时修书的法制；二是所藏之书多日本、朝鲜刊本，可征域外刻书风光；三是所藏多名人精写稿本、抄本、校本；四是所收多明清著名藏书楼的遗藏，从明范氏天一阁、项氏万卷楼、祁氏澹生堂、毛氏汲古阁，至清吴氏瓶花斋、严氏芳堂等数百年来江浙乃至全国著名藏书楼的收藏，少则一二册，多则数十百册，均辗转流入丁丙的"八千卷楼"。故"八千卷楼"可以看作明、清两代藏书楼的一个缩影。③ 为此，柳诒徵对"八千卷楼"予以高度评价："清光绪中，海内数收藏之富，称瞿、杨、丁、陆四大家。然丁氏于文化史

---

① 尹铁：《浙商与近代浙江文化事业》，见吕福新编：《浙商人文精神》，中国发展出版社 2008 年版，第 202 页。

② 彭卫国、胡建强：《民国刻本经眼录》，上海远东出版社 2011 年版，第 27 页。

③ 顾志兴：《浙江藏书史》，杭州出版社 2006 年版，第 256 页。

上之价值，实远过瞿、杨、陆三家。以其奋起诸生，搜罗古籍，影响于江浙两省，非徒矜私家之富有也。”[①]丁丙不仅以藏书而名列清末四大藏书家之一，也是杭州晚清时代重要的出版家，因刻书之多而被推为清季以来的巨擘。丁丙自咸丰四年刊《翠螺阁诗词稿》，迄光绪二十五年刊成《于肃愍公集》，刻书200余种，超过浙江书局40年所刻数目。他所辑刊的《武林掌故丛编》《武林往哲遗著》《杭郡诗》等丛书，在近代地方丛书刊刻中，均占有重要地位。《武林掌故丛编》26集，208册，包罗列入存世的杭州掌故典籍；《武林往哲遗著》前编50种，后编10种，共96册；《杭郡诗辑》208册，凡与杭州有关的诗词搜集无遗。丁丙主持补抄文澜阁《四库全书》，抄补工作进行了七年左右，于光绪十四年（1888）大体完成。原藏书完整收集到的有331种，残缺补全的891种，重新抄录的2174种，合订成34769册。而原《四库全书》共收书3503种，79337卷，36304册，丁丙主持的补抄，基本恢复了文澜阁《四库全书》的规模。[②]

① 《南京图书馆建立藏书组织的经过》，转引自《中国古代藏书与近代图书馆史料（春秋至五四前后）》，中华书局1982年版，第306页。

② 尹铁：《浙商与近代浙江文化事业》，见吕福新编《浙商人文精神》，中国发展出版社2008年版，第206页。

第二章　现代民营出版业与浙商群体

第一节　近代以来现代出版的发展及其格局

曹聚仁曾说："一部近代文化史，从侧面看去，正是一部印刷机器发达史；而一部近代中国文学史，从侧面看去，又正是一部新闻事业发展史。"[①]晚清以降，中国社会发展进入大河改道时期。在出版文化方面，以雕版刻印为主要技术手段的传统出版业，逐渐受到西方以铅活字排版为主要技术特征的现代出版业的冲击，官刻、私刻、坊刻三大刻书业随之逐渐衰落。诗人孙瀜（又名光第，字次公）曾作诗描述晚清西方先进印刷技术和设备引进中国的情形："车翻墨海转轮圜，百种奇编宇内传。忙杀老牛浑未解，不耕禾城种书田。"[②]英国传教士麦都思创办的"墨海书馆"，是中国近代第一家拥有铅印设备的编辑出版机构，采用了当时最先进的铅活字排版，且用牛力拖动机器印书的印刷设备。王韬在《瀛壖杂志》中做过详细介绍：

> 西人设有印书局数处。墨海其最著者，以铁制印书车床，长一丈数尺，广三尺许，旁置有齿重轮二，一旁以二人司理印事，以牛旋转推送。出入悬大空轴二，以皮条为之径，用以递纸，每转一过，则两面皆印，其简而速，一日可印四万余纸。字用活板，以铅浇制，墨用明胶煤油合搅煎成。印床两头有墨槽，以铁轴转之，运墨于平板，旁则联以墨轴，相间排列，又揩平板之墨，运之字板，自无浓淡之异，墨匀则字迹清楚。……其所以用牛者，乃以代水火

---

① 曹聚仁：《文坛五十年》，三联书店 2011 年版，第 80 页。

② 孙瀜：《悟微堂笔记》，转引自忻平《王韬评传》，华东师范大学出版社 1990 年版，第 24 页。

二气之用耳。[1]

随着传教士在华传教活动和办报实践的开展，石印、铅印术等近代西方新式出版技术渐次引进，出现了点石斋石印书局、同文书局、拜石山房三大石印书局。“石印书籍之开始，以点石斋为最先，在上海之公共租界南京路泥城桥堍。其石印第一获利之书为《康熙字典》。第一批印四万部，不数月而售罄。第二批印六万部，适某科举子北上会试，适出沪江，人购五六部，以为自用及赠友之需，故又不数月而罄。书业见获利之巨且易也，于是甬人有拜石山房之开设，粤人有同文书局之开设，三家鼎足，垄断一时，诚开风气之先者也。”[2]这些成立于上海的石印书局，所印的书籍行销全国，吸引很多资本家投资书局，对原有的印书业形成很大的冲击。1889 年 5 月 25 日的《北华捷报》曾对当时石印书局发展的兴盛情况进行报道：

上海石印中国书籍正在很快地发展成为一种重要的企业。石印中使用蒸汽机，已能使四五部印刷机同时开印，并且每部机器能够印出更多的页数。因为中国资本家咸能投资于此种企业，赢利颇丰。印书如此便利，对于一个大家喜欢读书的国家来说，是一件幸事。石印的另一优点是比木刻容易保存书法的优美。石印局都雇有若干书法好的人，报酬较高。

上海已用蒸汽机石印法印成中国著作数百千种，现有石印局四五家，其所印的书销行于全国。各地零售书店的增多，可以看出大家需要这种书籍。《康熙字典》售价各种版本不同，自一元六角至三元，字很小，木板大字的售价自三元至十五元。购买石印本的人大半是赶考的举子，年轻目力好。他们不要宽边大字，而喜欢旅行便于携带的小书。举子们需要赶路，又喜欢带书。上海石印书局大量批发，供给远方省份，北京琉璃厂也设有分店；尤其是在四川商业中心重庆。其他各城市也有分店，如广州等。但印刷的中心地则在上海。上海是最早采用铅字，也是最早采用蒸汽机印刷的地方。现在每一家印刷局都雇佣一百或二百工人。每一架印刷机须要三个印工，一个人在上面往滚机上安放纸张，两

---

① 王韬：《瀛壖杂志》，转引自忻平《王韬评传》，华东师范大学出版社 1990 年版，第 23 页。

② 《石印书坊始于上海》，见熊月之主编《稀见上海史志资料丛书 1》，上海书店出版社 2012 年版，第 392—393 页。

个人在下面接取印成的纸张。整理印石，抄写书稿，摄影缩小，以及其他种种手续，都需要不少的人手。大部分印书的字体都很小，奇怪的是居然有那样多的人喜欢买这样小字的书。然而现在这些石印书局营业十分兴盛。所用的纸是福建的竹纸。石头和印机大半购自英国，间或有法国的。①

这些石印本图书笔画清楚，字体虽然缩小，可是与原形不爽毫厘，携带方便，价格低廉，为此赢得了科举考生的欢迎。当时同文书局影印的《古文图书集成》《二十四史》等都很受欢迎，以至于商务印书馆后来也用石印方法影印过《四部丛刊》、百衲本《二十四史》等古籍。

传教士群体是晚清印刷出版革新的主要力量，而教会出版机构曾一度在晚清印刷出版格局中处于垄断地位。继墨海书馆之后，又有1854年监理会的华美书坊(后来发展为华美书馆)、1860年由宁波迁自上海的长老会华美书馆等早期印刷出版机构，后来又有广学会、益智书会、上海土山湾印书馆、广州博济医局等。据熊月之统计，1860年以前的我国西书出版，几乎全部由教会出版机构所包办。从1843年至1860年，广州、福州、厦门、宁波、上海等通商口岸城市，共出版西书434种，329种纯属宗教宣传品，其余的105种为天文、地理、数学、医学、历史、经济等方面的内容。② 在图书出版之外，传教士还热衷于中文报刊的创办。1815年伦敦传教会传教士米怜与马礼逊在马六甲创办了《查世俗每月统纪传》，这是传教士用中文出版的中国近代第一份定期报刊，也是我国近代化报刊的肇始。此后，传教士报刊渐多，如《查世俗新闻》《东西洋考每月统记传》《遐迩珍闻》《六合丛谈》《万国公报》《小孩月报》等。

教会对于图书、报刊等出版物的经营，其最初传教士创办报刊的最初旨意是服务于传教目的："他们深知欲图布教事业的扩张，必于中国人的内心建筑深固的根基，使基督教成为中国固有的宗教，而非外来的宗教，方不因政治外交等变化而发生动摇。因有此目的，故于开设学堂灌输宗教教育于青年外，又刊行西学及宗教书籍，使基督教随西洋文明深入一般士绅的内心。"③传教士们发现，"中国人最大的特征就是注重学问以及他们对之所

---

① 《上海石印书业之发展》，原载上海《北华捷报》1889年5月25日，见张静庐辑注《中国出版史料补编》，中华书局1957年版，第88—89页。

② 熊月之：《西学东渐与晚清社会》，上海人民出版社1994年版，第8页。

③ 李泽彰：《三十五年来中国之出版业》，见张静庐辑注《中国现代出版史料》，中华书局1959年版，第382页。

树立的荣誉。他们的英雄人物不是武士，甚至也不是政治家，而是学者。……每一个观察家一踏上他们的国土就会感触到这些特征，并且导致凡欲影响这个帝国的人必定要利用出版物”①。如果控制了中国的主要报纸杂志，就等于“控制了这个国家的头和背脊骨”②。正是出于这样的共识，出版活动成为传教士在华的一项重要工作内容。在早期来华的传教士中，有一些就是受过专门训练的印刷工，如伦敦会的麦华陀和美国海外布道会的卫三畏等，这一事实说明了各国国内教会对基督教书籍以及在华教会出版业的高度重视。传教士出版事业的发展，在客观上对近代中国的文化、社会、政治产生了持久而深刻的影响。

“中国知识分子与现代出版业的最初联系，是从协助传教士或洋商的翻译和出版活动开始的。这些最初投身于上海出版业的知识分子，如王韬、李善兰、何桂笙、钱昕伯、李伯元等，多为江浙一带潦倒科场的文人。”③除了知识分子投身于晚清出版业之外，很多原本在教会机构的从业者亦成为民营出版机构的中间力量。如 1897 年商务印书馆的创办者鲍咸昌、夏瑞芳就曾在英国在华报馆做排字工。随着国内民营出版机构的渐次创办，教会出版机构一枝独秀的局面被打破。

李泽彰在《三十五年来中国之出版业（1897—1931 年）》中对清末以来现代出版的飞速发展有过描述：

> 从现在追溯到以前三十五年，就是前清光绪二十三年。从这一年起到最近为止，和出版业有重大关系的三件大事，第一件是革新运动，第二件是新文化运动，第三件是图书馆运动。每种运动发生以后，出版事业都有很显著的发展。
>
> ……
>
> 自革新运动产生以后，新学书籍需要甚繁。中国出版界遂起非常的变动。为供给新书的需要，新式出版业应运而生。现在中国出版业的领袖商务印书馆就是在这个时候创办的。在革新运动以前，教会已经开设学堂，编印新书，到了革新运动的时候，教

---

① [英]韦廉臣：《同文书会发起书》，转引自顾长声：《传教士与近代中国》，上海人民出版社 1991 年版，第 156 页。

② [英]李提摩太：《给英驻上海领事白利兰的信》，转引自方汉奇：《中国近代报刊史》（上）山西人民出版社 1981 年版，第 19 页。

③ 李春雨：《出版文化与中国文学的现代转型》，北京语言大学出版社 2011 年版，第 60—61 页。

会的出版事业更为发达。当时清室也办了许多官书局，编印新学书籍，风行一时，所以在革新运动时期，尤其是初期，中国出版业的主要分子是教会和官书局。①

在革新运动初期，民营的出版事业虽然赶不上教会和官办书局，但是进步甚速。尤其在革新运动的后期，据光绪三十二年(1906)六月上海书业商会出版的《图书月报》第一期统计，当时已入会的书店，已有下列22家：商务印书馆、启文社、彪蒙书室、开明书店、新智社、时中书局、点石斋书局、会文学社、有正书局、文明书局、通社、小说林、广智书局、新民支店、乐群书局、昌明公司、群学会、普及书局、中国教育器械馆、东亚公司新书店、鸿文书局、新世界小说社。其实在这之外，尚有许多书店，如蒙学书局、湖南信书店、上海排印局、华美书馆、东亚书局、同文书局等。又据光绪三十二年学部第一次审定初等小学教科书暂用书目，审定的教科书共计102册，由民营出版业发行的计85册，占全体五分之四以上。可见在光绪三十年(1904)左右出版业的重心已由教会和官书局转到民营的出版机构了。

自20世纪初叶民营出版业逐渐发展以来，到了二三十年代，中国民营出版业已进入活跃繁盛的局面。有数据显示，自鸦片战争到新中国成立以前，上海先后出现过约600家出版机构，其中一大半是在五四以后出现的。②

自新文化运动后，出版界出书的数量大增，其中以翻译东西洋文学的书为最多，几乎出版界没有一家不出几本文学书。兹根据真善美书店1929年第一次《汉译东西洋文学作品编目》，将该书中的出版家录在下面：商务、开明、北新、时中、光华、水沫、乐群、人间、金屋、中华、真善美、良友、新宇宙、文化学社、创造社、春野、现代、亚细亚、泰东、民智、亚东、新文化、南华、尚志、有正、公民、大同、自由、世纪、受匡、复旦、X书店、朴社、启智、群益、晨曦、海音、中国、文明、六社、美的书店、出版合作社、新月、世界、东南、未名社、春潮、嘤嘤。

上表是专就印行汉译东西洋文学名著作品的出版家来说，然

---

① 李泽彰：《三十五年来中国之出版业》，见《中国现代出版史料》下卷，中华书局1959年版，第381—382页。

② 朱联保：《近现代上海出版业印象记》，学林出版社1993年版，第2页。

已经多至 48 家，于此可见自新文化运动后，出版业发达的一斑。[①]

许晚成编的《全国书店调查录》序中载：至 1937 年“八一三”前，福州路中段及棋盘街、望平街、麦家圈、关东路和交通路这一带，已有报纸数十家、杂志数百种、新旧书肆三百余家。根据上海市档案馆所藏的有关档案，1920—1935 年上海市书业同业公会会员登录的出版机构有 81 家，其中资本在 100 万以上的有 2 家(商务印书馆和中华书局)，资本在 50 万—100 万的有 1 家(世界书局)，资本在 10 万—50 万的有 6 家。1936 年 12 月上海市书业同业公会会员登录的出版机构有 66 家，而像良友图书公司那样没有参加书业同业公会的出版机构尚有 60 多家。[②]

第二节　浙商群体与现代民营出版业

叶兆言在《陈年旧事》中讲述了近代一些知名文化人和学者的逸事，其中与出版相关的就有张元济、陆费逵、王云五等。他指出：“民国期间的商务印书馆，有些像黄埔军校，中国现代史上的几位出版人才，都从那儿出来。最典型的例子是陆费逵，跳槽重组了中华书局。商务印书馆和中华书局是出版业界的老大老二，接下来的老三老四，规模小很多，排名已没意义。”排行老三的世界书局，创办者沈知方也是从商务印书馆出去的，排行第四的开明书店，其创办人就是章锡琛，也在商务印书馆当过编辑。叶兆言发现：“有趣的是，几位做出版的老板，与商务印书馆的创始人张元济一样，都是浙江人。看来不是商务出身，不是浙江老乡，还真搞不好出版。”[③]叶兆言的发现正是中国现代出版史上一个重要的事实，即浙籍人士对中国现代出版的创办之功、经营之功。

一、鲍咸昌兄弟与商务印书馆的初创

1897 年，夏瑞芳与鲍咸恩发起创办了商务印书馆。创办之初参与集资

① 李泽彰：《三十五年来中国之出版业》，见《中国现代出版史料》下卷，中华书局 1959 年版，第 387—388 页。

② 许敏：《上海通史·第 10 卷·民国文化》，上海人民出版社 1999 年版，第 121 页。

③ 叶兆言：《章锡琛：堂堂开明人，俯仰两无愧》，见《陈年旧事》，中信出版社 2013 年版，第 158 页。

的大股东是一位天主教教徒沈伯芬，认购两股计洋1000元，参与集资的其他7人分别是鲍咸恩、鲍咸昌、夏瑞芳、徐桂生、郁厚坤、高翰卿、张蟾芬，每人一股计洋500元。[①] 这七人中，鲍咸恩、鲍咸昌、郁厚坤均是宁波鄞县人，夏瑞芳、张蟾芬都是鲍咸昌的连襟，与浙江也有着千丝万缕的联系。因此，商务印书馆的创办，鲍氏家族贡献最大。同时，鲍氏兄弟在清心学院从事的印刷相关的学习积累为商务印书馆的最初发展提供了技术支持。"(鲍氏)兄弟三人都在清心念书，毕业后由学校介绍到美华书馆当学徒，鲍咸恩学刻字，咸昌学排字，咸亨学印刷。"[②]

鲍咸昌(1864—1929)在清心书院毕业后，先去学习镌刻。经过一段时间的刻苦钻研和发奋努力，花图字体无不精通。后去美华书馆学习英文排字，与高凤池在一起工作，参与商务印书馆的创办，1910年鲍咸恩过世之后，继任印刷厂厂长，1920年任商务总经理兼印刷厂厂长。鲍咸昌生性诚笃，十分热心公益慈善事业，"尝独资设鲍氏开智学校于其乡，以闸北为其侨居地也。联合同志，创设养真幼稚园、尚公学校，时助以金，并任董事。东方图书馆成立，先生亦董事及创立者之一也。清心堂遵新学制改组，先生任董事，校建思鲍堂以纪念其父，孤儿院建粹德堂以纪念夏君粹方，并在窦乐安路创建鸿德堂，先生皆慨任巨款。他如闸北救火会、长老会堂等，资助亦多。先生尝语予：金钱之效，贵在流通，苟有余资，自当补助公益事业"[③]。

郁厚坤(1871—1945)是鄞县陈婆渡镇郁家村(现属鄞州区姜山镇)人，在宁波崇信书院毕业后随姐夫鲍咸昌到上海，先在美华书馆学习印刷术，因英语基础好，在《捷报》西文排字间也工作过多年，之后参与商务印书馆最初集资并加入商务印书馆。郁厚坤曾任印刷所材料部负责人，1907年商务派郁厚坤赴日本学习照相制版和用珂珀罗版印书。1920年，商务派郁厚坤之弟郁厚培赴欧洲考察，郁厚培于1904年进商务印刷所工作，是一位杰出的印刷人才，后来担任过印刷所副所长、印刷厂厂长、商务总管理处襄

① 谢振声：《鄞县鲍家、郁家与初创时的商务印书馆》，载《宁波大学学报(人文科学版)》2010年第5期。

② 章锡琛：《漫谈商务印书馆》，见蔡元培等：《商务印书馆九十年 我和商务印书馆1897—1987》，商务印书馆1987年版，第104页。

③ 庄俞：《鲍咸昌先生事略》，见蔡元培等：《商务印书馆九十年 我和商务印书馆1897—1987》，商务印书馆1987年版，第7—8页。

理。[1] 郁氏兄弟均担任过闸北堂执事。

鲍咸恩(1861—1910)浙江鄞县人。早年在上海清心书院学习,曾在上海美华书馆学刻字,后又与夏瑞芳一起在捷报馆做西文排字。在报馆工作常感痛苦,想谋一条出路,就想到了创办印书房,1897年2月与夏瑞芳等合创商务印书馆。高翰卿回忆说:"咸昌先生的性格是活泼爽快。咸恩先生的性格是慎重谨细。咸恩先生是终身当心印刷厂的事务,因为积劳过度,身体渐弱,患肺病,病已经很深,——虽然我们力劝其休息,——咸恩先生仍勉强支持,天天到馆,后来到馆的几天,竟然连路也跑勿动了。"[2]

商务印书馆的最初地址在江西路北京路南首德昌里末弄,初创时承印商业表册、账本、名片和教会图书,里面办事的人就是鲍咸恩、夏瑞芳和郁厚坤,他们亲自动手排字和印刷,因尚未设编辑部,由鲍咸恩先生兼做文字工作。他们的家属还都尽义务帮忙,夏瑞芳哲嗣夏鹏回忆:"那时夏鲍二家家眷,都住在庆顺里,关于装订折书的工作,是女太太的义务职。鲍府上的二位大公子,放了暑假,要上摇架做工。"[3]

一年之后,恰逢日本人所开印书馆经营不善,商务印书馆将其全盘收买,包括大小印机、铜模,铅字切刀、材料等,由此商务印书馆得以扩充。"商务之基础稳固乃发轫于此。"之后,商务印书馆又迁到北京路美华书馆西首,鲍咸恩兄弟主持排字房和印书房。印行的《华英字典》《华英初阶》以及《通鉴辑览》等书籍,销路都很好,还代印《昌言报》和《格致新报》。商务印书馆聘请了俞志贤、吕子泉、沈知方负责进行推销工作。吕子泉、沈知方这两位浙江英杰后来又创办了大东书局和世界书局。1900年商务改组成股份有限公司,其后以出版教科书为主要业务。1903年改为中日合办,增设印刷所、编译所和发行所。

在商务印书馆的初创期,鲍氏兄弟贡献良多。鲍氏兄弟在商务主要主持印刷方面的事务,鲍咸恩因在学校学习过排印和印刷技术,起初在商务印书馆主要负责书籍印刷工作,并担任印刷所的所长,为印刷技术的专家。草创初期,他们不辞劳苦,花费许多心血,积极从事铅印、石印等新方法的探索和实验,一起设法改进了印刷排印技术,为提高印刷品质量做出不少

---

① 郁为瑾:《商务印书馆与基督教会的关系》,见《商务印书馆馆史资料》第40号,1988年版,第14—18页。

② 高翰卿:《本馆创业史》,见《商务印书馆九十五年我和商务印书馆:1897—1992》,商务印书馆1992年版,第12页。

③ 汪家熔:《商务印书馆史及其他——汪家熔出版史研究文集》,中国书籍出版社1998年版,第38页。

贡献。1900年,商务印书馆率先用纸型印书,1904年使用著作权印花,这在我国均属首次。鲍咸昌业务精通,熟悉工艺且长于管理,以诚待人,在协助时任印刷所所长的鲍咸恩工作期间,把印刷所的工作安排得井井有条。

"商务在开创时期有什么经营方针是很难说的。它既承印商业上账册广告之类的东西,也承印书本,故取名叫商务印书馆。因此可以说,初创时期的商务是以印刷为主的,并不是一开头便想做个出版家的。"[①]商务印书馆成为近代最具影响力的出版机构,张元济的倾力襄助功不可没。1902年,张元济加入商务印书馆,从此商务印书馆步入更引人注目的发展时期。据统计,其资本额到1901年时就已经从1897年的4000元增至5万元,1903年增至20万元,1905年增至100万元,1913年增至150万元,1914年增至200万元。[②]

二、浙商与现代出版机构的创设和经营

继商务印书馆之后,中华书局、开明书店、世界书局等相继创办,到20世纪30年代,上海已成为了现代出版的中心。出版人朱联保曾这样回忆20世纪30年代上海出版的繁荣景象:

> 上海市中心黄浦区内,东西方向的福州路、广东路,自河南中路起至福建中路一段,汉口路自河南中路至广西路一段;南北方向的河南中路、山东中路(其南段俗称麦家圈,北段俗称望平街),自延安东路至九江路一段,和昭通路(旧称交通路)短短一段,这一区域内书店、报馆林立,也多书画笺扇店、笔墨纸品店、文具仪器店,故新中国成立前有文化街之称。
>
> 三十年代是文化街最繁盛的时期,我亲眼看见的书店,在河南中路上,自南向北,店面朝东的,有文瑞楼、著易章、锦章图书局、校经山房、扫叶山房、广益书局、新亚书店、启新书局、文明书局、商务印书馆、中华书局、会文堂书局等,其店面朝西的,有群益书社、正中书局、审美图书馆、民智书局、龙门联合书局等。

---

① 陈叔通:《回忆商务印书馆》,转引自蔡元培等《商务印书馆九十年 我和商务印书馆1897—1987》,商务印书馆1987年版,第132页。

② 贾平安:《记商务印书馆创始人夏瑞芳》,见《商务印书馆九十五年我和商务印书馆1897—1992》,商务印书馆1992年版,第543页。

在广东路中段，有亚东图书馆、文华美术图书公司、正兴画片公司等。

在福州路上，自东而西，店面朝南的，有黎明书局、北新书局、传薪书店、开明书店、新月书店、群众图书杂志公司、金屋书店、现代书局、光明书局、新中国书局、大东书局、大众书局、上海杂志公司、九洲书局、新生命书局、徐胜记画片店、泰东图书局、生活书店、中国图书杂志公司、世界书局、三一画片公司、儿童书局、受古书店、汉文渊书肆等；店面朝北的，有作者书社、光华书局、中学生书局、勤奋书局、四书局门市部、华通书局、寰球画片公司、美的书店、梁溪图书馆、陈正泰画片店、百新书店等，可见文化街上，书店确实是多的。在弄堂内、大楼里的，还不在内。

此外，在山东中路、昭通路上的中小型书店尚未列举。三十年代已歇业，四十年代新出现的书店，亦未谈到。因这里只回忆三十年代文化街上见到的书店，至于中区文化街以外各条路上的书店出版社，在苏州河以北四川路一带，可说是第二条文化街，那地方除商务印书馆分馆外，有新知书店、群益出版社、良友图书印刷公司、水沫书店、天马书店、春野书店、南强书店、大江书铺、湖风书局、创造社出版部等十余家，而且都是在三十年代前后，出版进步书刊的。①

在这些林立的书店中，不少都是浙江人创办或者负责经营管理的。朱联保说就他所知，不完全地统计旧上海的书店、出版社的创办人和负责经营管理人的籍贯，在177人中，浙江有79人，江苏有56人，广东13人，可见旧上海书业，浙江、江苏两省人士经营者占75%以上。② 而据《上海书店调查》统计，1935年上海市教育局调查所得的261家出版机构的负责人籍贯中，江苏、浙江、上海三地人数最多。在现代出版机构中，规模较大的，其创办人和主要经营者基本上都是浙江人，比如在出版文学书籍100种以上的18家出版机构中，除新华书店、东北书店、泰东书局、良友图书印刷公司等外，其他如中华书局、大东书局、光华书局、世界书局、开明书店、现代书局、

① 朱联保：《漫谈旧上海图书出版业》，见《近现代上海出版业印象记》，学林出版社1993年版，第6—7页。

② 朱联保：《漫谈旧上海图书出版业》，见《近现代上海出版业印象记》，学林出版社1993年版，第13页。

上海杂志公司、生活书店等 14 家均由是浙江人创办或主持。更重要的是，浙江人创办或主持经营的书店，如商务印书馆和中华书局占据了出版业的很大份额。“书业的营业，在前清末年，大约每年不过四五百万元：商务印书馆约占三分之一，文明书局、中国图书公司、集成图书公司等合占三分之一，其他各家占三分之一。民国初年约一千万元，商务印书馆占十分之三至四，中华书局占十分之一至二。”①这是陆费逵在《六十年来中国之出版业与印刷业》一文中的大约估计，但充分说明了浙籍出版商在中国现代出版文化中举足轻重的地位。

邓集田在《中国现代文学出版平台》中，整理了晚清民国时期浙籍人士创办或主持的出版机构，其中浙籍人士创办的出版机构数量之多、规模之巨，影响之大，成为现代出版文化中一道独特的风景线。下表即根据《中国现代文学出版平台》（上海文艺出版社 2012 年版，216—217 页）一书中表 4.2 晚清民国时期我国出版 50 种以上文学书籍的出版机构排名表制成，并在此基础上补充了相关信息。

浙籍人士创办的主要出版机构

出版机构名称	创办地	创办时间	创办人/主持人	籍贯
商务印书馆	上海	1897	夏瑞芳/张元济	浙江
中华书局	上海	1912	陆费逵	浙江
生活书店	上海	1932	邹韬奋/胡愈之	浙江
北新书局	北京	1924	李小峰	浙江
开明书店	上海	1926	章锡琛	浙江
世界书局	上海	1921	沈知方	浙江
光华书局	上海	1925	张静庐/卢芳	浙江
现代书店	上海	1927	张静庐/洪雪帆	浙江
广益书店	上海	1900	魏天生/魏炳荣	浙江
大东书店	上海	1916	吕子泉/王幼堂	浙江
启明书店	上海	1936	沈志明	浙江
上海杂志公司	上海	1934	张静庐	浙江
正中书局	江苏南京	1931	陈立夫/叶溯中	浙江

① 陆费逵：《六十年来中国之出版业与印刷业》，载《申报月刊》1932 年第 1 卷第 1 期。

续　表

出版机构名称	创办地	创办时间	创办人/主持人	籍贯
光明书局	上海	1927	王子澄	浙江
独立出版社	江苏南京	1928	潘公展	浙江
天马书店	上海	1932	韩振业/楼炜春	浙江
新月书店	上海	1927	胡适/徐志摩	浙江

浙籍人士在现代出版中的作为，与其在商业上的作为密不可分。辛亥革命之后，浙江金融集团在上海占有显赫地位。陶水木统计，1912—1927年创办于上海的银行56家，已知创办人或企业代表籍贯的49家中，浙江人创办或为企业代表的有37家。① 日本学者森次勋在20世纪30年代就曾说："浙江系曾将上海之土著新式银行之大半收归其掌握之下。"浙籍人士在上海金融界的这种显赫位置，为浙江籍人士在上海经营出版业提供了较为雄厚的资金支持。如现代书局曾得到四明银行几万元的信贷，就受惠于负责人洪雪帆的宁波同乡虞洽卿的帮助。②

张元济、陆费逵等文化浙商在近现代出版事业中风云驰骋，既得益于浙江财团的经济支持，又受益于一大群从事出版事业的浙籍人士的鼎力支持。陈叔通回忆说，1902年张元济离开南洋公学堂译书院，进入商务印书馆。"要进行编书，不能一人独搞，于是第一个拉蔡元培。张与蔡都是同年的举人翰林，相知甚深，可能结过金兰之谊，一拉便拉来了。由于蔡的关系再拉杜亚泉(搞科学的)，以后再由杜延聘了其他不少人。……"③商务印书馆、中华书局等现代出版机构的人员组成和地缘因素有着紧密联系。1931年商务印书馆曾对其职工的籍贯、性别进行调查，汇成商务总馆职工籍贯性别人数表，统计显示商务印书馆人员籍贯构成中，江苏籍、浙江籍占绝大多数，占总人数的91.9%。其中居于前8位的依次为江苏籍、浙江籍、安徽籍、福建籍、河北籍、湖南籍、广东籍、江西籍。以商务印书馆的编译所来说，当时由于常州人蒋维乔、庄俞都在商务印书馆四大"开国元勋"之列，他俩不断引见，使得越来越多常州人加入商务印书馆中小学教科书的编写队

---

① 陶水木：《浙江商帮与上海经济近代化研究(1840—1936)》，三联书店2000年版，第133页。

② [日]森次勋：《上海财阀之鸟瞰》，汤怡译，载《经济评论》1935年第2卷第1号。

③ 陈叔通：《回忆商务印书馆》，见蔡文培等著《商务印书馆九十年 我和商务印书馆 1897—1987》，商务印书馆1987年版，第135页。

伍。到1908—1918年庄俞代高凤谦而成为商务编译所的国文部长时，已基本形成了茅盾在《商务印书馆编译所和革新〈小说月报〉的前后》回忆文章中所说的那种专编中小学教科书的人是清一色的“常州帮”的局面。当时商务编译所中常州籍人员较有名者就有蒋维乔、庄俞、谢仁冰、陆尔奎、方毅、谢观、孟森、恽铁樵、许指严、沈颐、庄适、吕思勉、刘海粟、顾实、陈衡哲等。[1] 而商务印书馆编译所的理化部部长是绍兴人杜亚泉，商务印书馆最初出版的博物、理化、算学等教科书都是杜亚泉设计编辑的，理化部编辑员都是他的同乡，因而被称为“绍兴帮”，与国文部的“常州帮”并称。另一位商务人谢菊曾回忆说：“当我进所时，《教育杂志》已划归杂志部，由朱赤萌（元善）接编。朱是张菊生的海盐同乡，民元前后进所，杂志部成立后，被任为部长，主编《教育杂志》《少年杂志》，和新创刊供中学生阅读的《学生杂志》三种。另有一种不定期刊物《儿童教育画》，原由戴克敦编辑，至是亦划归杂志部，但一年中出版不过八九期。”[2]朱元善、戴克敦均为浙江人。更值得称道的是，任职于商务印书馆、中华书局等现代出版机构的许多浙籍人士都是相关专业领域的专家学者。如在教育领域，先后供职于商务印书馆的就有蔡元培、张元济、杜亚泉、周建人、何炳松、蒋梦麟、竺可桢、范寿康等。[3] 正是某种亲缘、乡缘、学缘或者业缘的关系，使得商务印书馆等现代出版机构成为汇聚各路英才的藏龙卧虎之地。

除却同乡推荐和情谊之外，要进商务印书馆是相当不容易的事情。高觉敷回忆说，他在大学求学时，就曾在商务印书馆《教育杂志》上发表有关道尔顿制的文章，大学毕业以后又陆续在《教育杂志》刊登有关心理学的论文。可是后来想到商务印书馆编译所当编辑，“却颇不容易，第一要问有无需要，第二要看申请人有无才力。1926年编译所哲学教育部编辑范寿康先生为了创办学艺社的大学因而辞职了，我便由高师同学周予同先生向馆推荐，可是《教育杂志》上发表了几篇文章不能作为入馆工作的条件，于是介绍人转交给我一篇英文稿子，要我把它译成中文送审，由于审查合格，我才得于3月进馆。由此可证编译所用人是很慎重的”。[4] 在如此严格把关之

---

① 黄建民：《“阳湖耆宿”与商务印书馆》，见《商务印书馆一百年1897—1997》，商务印书馆1998年版，63页。

② 谢菊曾：《〈教育杂志〉的变迁》，见《十里洋场的侧影》，花城出版社1983年版，第33页。

③ 林建平：《论浙江教育家在近代教科书出版中的作用》，载《浙江教育学院学报》2009年第3期。

④ 高觉敷：《回忆我与商务印书馆的关系》，转引自蔡元培等著：《商务印书馆九十年 我和商务印书馆1897—1987》，商务印书馆1987年版，第346—347页。

下，编译所生机勃勃，形成了浓厚的学术氛围，聚集了当时各个学科领域的优秀学人，如竺可桢、朱经农、何炳松、唐钺、郑贞文、周昌寿、李石岑、叶圣陶、沈雁冰、郑振铎、胡愈之、杨贤江、周予同。这些人中不少都是浙籍人士，但大多是凭着真才实学，而非同乡之情进入商务的。这些进入商务印书馆、中华书局的浙江才俊，投身于现代出版文化，书写了文化浙商在现代文化上的辉煌。

第三节 以文学之名——浙江文人群体与现代出版

著译家之与书店出版社有密切关系的，如鲁迅之与北新书局、良友图书公司等，茅盾、胡愈之之与商务印书馆，郭沫若、郁达夫之与泰东图书局、现代书局等，陈独秀、胡适之与亚东图书馆，丁福保、吴稚晖之与文明书局，叶圣陶、夏丏尊、丰子恺等之与开明书店，舒新城、田汉之与中华书局，林汉达、徐蔚南之与世界书局，周瘦鹃之与大东书局，秦瘦鸥之与百新书店，戈公振之与有正书局，赵景深之与北新书局，艾思奇、郑易里之与读书生活出版社，金仲华之与生活书店，钱俊瑞、孙冶方之与新知书店，陈鹤琴之与儿童书局，冯雪峰之与水沫书店，赵家璧、郑伯奇之与良友图书公司，老舍之与晨光出版公司，郑振铎、许广平、柯灵、唐弢等之与上海出版公司，阿英之与许多新书店等均是。①

朱联保的这段概述道出了中国现代出版机构与作家群体的紧密联系。浙商群体能在现代出版业上做出突出贡献，其中一个重要的优势就是浙籍作家的鼎力支持。另一组出版物的数据充分说明了浙籍作家的影响力：北新书局自创办到1949年间，共出版了370多种文学作品书籍，其中鲁迅、周作人、赵景深、章衣萍、许钦文、郁达夫、刘大杰等核心人物和关系密切的作家著作就占了近100种。而开明书店所出的360余种文学书籍中，江浙籍作家的作品亦达到4成以上；在中华书局出版5种以上文学书籍的约14位作家中，属于中华书局馆内编辑或馆外聘任编辑的至少就有8位。②

---

① 朱联保：《漫谈旧上海出版业印象记》，见《近现代上海出版业印象记》，学林出版社1993年版，第12页。

② 邓集田：《中国现代文学出版平台》，上海文艺出版社2012年版，第61页。

"翻开一部中国现代文学史、文化史,我们会发现许多著名的作家、文艺评论家、思想家同时也是卓有成就的资深编辑。特别是一大批著名的作家,他们的文学生涯与编辑活动往往是紧密结合在一起的。这也许是中国现代文学与古典文学的显著区别之一。这种现象的产生,同21世纪初叶帝制的终结与政治、文化领域里各种思潮流派多元并存的局面密切相关,而中国近现代出版文化的迅速发展则为这种局面的形成提供了物质条件。"[①]叶子铭的分析道出了现代文学与现代出版文化的紧密关联。茅盾、郑振铎、叶圣陶、丰子恺等一大批现代文学大师同时亦是优秀的编辑。这种有趣的现象在浙江籍的现代文学大师群体中表现得更为明显。

浙籍作家占据现代文学的半壁江山,可谓现代文学史中最为活跃的群体,也是推动现代文学发展最为用力的群体。如文学研究会周作人、茅盾、许地山、王统照、叶绍钧等12位创办人中,周作人、茅盾、孙伏园、朱希祖等都是浙江人。据邓集田的统计,在钱理群等著《中国现代文学三十年》中,以100字以上(约4行)的连续篇幅重点介绍的作家约165位,其中浙江籍的作家有33人,约占总数的20%。范伯群著《中国现代通俗文学史》中以1页以上篇幅介绍的约61位作家中,浙江籍的作家有7位,分别是萧山的蔡东藩,天台的陈慎言,绍兴的朱贞木,宁波的孙了红,杭州的陈碟仙、陈小蝶,慈溪的徐讶。[②] 这些数据直观地反映浙籍作家对中国新文学发展的贡献。

钱理群等《中国现代文学三十年》中主要介绍的浙籍作家。(见下表)

浙籍现代文学作家一览表

姓名	籍贯	姓名	籍贯	姓名	籍贯
唐弢	浙江镇海	刘大白	浙江绍兴	施蛰存	浙江杭州
王鲁彦	浙江镇海	许钦文	浙江绍兴	吴兴华	浙江杭州
蔡东藩	浙江萧山	朱贞木	浙江绍兴	阿拢	浙江杭州
殷夫	浙江象山	陈梦家	浙江上虞	梁实秋	浙江杭县
徐迟	浙江吴兴	夏丏尊	浙江上虞	戴望舒	浙江杭县

① 叶子铭:《编辑家茅盾评传·序》,见李频《编辑家茅盾评传》,河南大学出版社1995年版,第2—3页。

② 邓集田:《中国现代文学出版平台(1902—1949)晚清民国时期文学出版情况统计与分析》,上海文艺出版社2012年版,第54页。

续　表

姓名	籍贯	姓名	籍贯	姓名	籍贯
茅盾	浙江桐乡	徐懋庸	浙江上虞	夏衍	浙江杭县
丰子恺	浙江桐乡	力扬	浙江青田	徐志摩	浙江海宁
陆蠡	浙江天台	柔石	浙江宁海	郁达夫	浙江富阳
许杰	浙江天台	苏青	浙江宁波	俞平伯	浙江德清
周作人	浙江绍兴	冯雪峰	浙江金华	徐讦	浙江慈溪
鲁迅	浙江绍兴	艾青	浙江金华	穆时英	浙江慈溪

阿英谈及晚清小说空前繁荣的原因时指出："第一，当然是由于印刷业的发达，没有此前那样刻书的困难；由于新闻事业的发达，在应用上需要多生产。第二，是当时知识阶级受了西洋文化影响，从社会意义上，认识了小说的重要性。"①以往的研究大多注重浙籍作家的文学贡献，而从现代出版的角度来说，浙籍作家的文学成就背后，应该有着现代出版的功绩。即浙籍作家在新文学发展进程中的活跃程度和影响力的背后，有一项不容忽视的重要因素，即浙籍作家和现代出版的紧密联系。有研究者指出，五四之后，"现代中国文学社群本体结构系统，文学群体的统帅核心人物、期刊、丛书等生命形式，都必须与出版家联系，群体的起落和聚散，冲突与融合许多都直接产生于此"②。现代文学作家和文学团体的相关活动往往依托于出版社。当时三足鼎立的创造社、文学研究会和语丝社都有着出版社作为后盾，如文学研究会的活动与商务印书馆的鼎力支持密不可分。文学研究会成立、发展，以及代机关刊物《小说月报》的发行，以及"文学研究会丛书"的出版，都是商务印书馆对文学社团扶植的例证。③ 郭沫若等人在筹划创造社的过程中充分认识到刊物之于社团的重要性："有了刊物才有社，刊物是社的凝聚力之所在，刊物是社的形象体现，刊物是使社立足于文坛的唯一方式，刊物几乎就是社团的一切。"④从这个意义上说，革新后的《小说月报》不仅极大地促进了文学研究会的发展，而且也是现代出版正面推动文学进程的体现。刊物和出版对文学社团的发展可以起到正向的推动，但有时候

---

① 阿英：《晚清小说史》，东方出版社 1996 年版，第 1—2 页。

② 杨洪承：《文学社群文化形态学》，安徽出版社 1998 年版，第 213 页。

③ 茅盾：《关于文学研究会》，载《文艺月报》1959 年 5 月号。

④ 刘纳：《社团、势力及其它——从一个角度介入五四文学史》，《中国现代文学研究丛刊》1999 年第 3 期。

也会有一些负面影响。周毓英曾这样感叹:"文学研究会有商务印书馆为他们做出版后台,语丝社有北新书局做他们的出版后台,创造社虽然有泰东书局做他们的出版后台,可是泰东书局却经营得非常不合理,老板赵南公糊涂,经理人换了好几个都是揩油圣手,一个人只要做上半年泰东经理,马上自己去开书店了。同时外埠的烂账亦放得可惊,很少收得回来。因之,泰东书局出版创造社旧著作,名气做得很大,钱亦赚得不少,郭沫若等人到了上海,在'北京同兴楼'喝酒吃饭可以挂账,临走旅费可以有着,但是谈到稿费版税的话便无法兑现,只好用言语支吾过去了。文学研究会靠商务印书馆生活的人很多,语丝社靠北新书局生活的人也不少,可是创造社靠泰东书局生活的人便一个也没有,连一点小小的贴补也没有,作家们在生活上与书店毫无关系。"①

商务印书馆、中华书局等现代出版机构为现代文学,尤其浙籍作家的文学创作提供了平台与载体,而同时,许多现代文学大师,包括诸多浙籍作家亦是优秀的编辑和出版家。或者说,张元济、陆费逵、章锡琛等文化浙商的出版事业,北新书局、儿童书局等中小书局的发展,亦受惠于这些富于创造力和卓见的文学大师。如鲁迅,作为现代最为重要的作家,参与了众多编辑出版活动。鲁迅一生办过七个出版社——未名社、朝华社、三闲书屋、野草书屋、铁木艺术社、版画丛刊会、诸夏怀霜社,还编过九种刊物——《莽原》《语丝》《奔流》《朝华周刊》《萌芽月刊》《文艺研究》《前哨》《十字街头》《译文》等,编辑和参与编辑的各种书籍 76 种,丛书 11 种等。② 又如徐志摩,这位现代著名诗人,同样有着丰富的编辑出版经历,曾主编《京报》副刊,1925 年任北京《晨报》副刊主编。1926 年创立新月书店,后来又与胡适、梁实秋等创办《新月》月刊。1931 年初,与陈梦家等创办了《诗刊》。无独有偶,另一位浙江余姚的现代诗人,邵洵美(1906—1968),其经历与徐志摩十分相似。邵洵美是现代诗人、文学翻译家,同时亦是出版家,曾于 1928 年在上海创办金屋书店,创办并主编《金屋月刊》。后来又与徐志摩、胡适等合股筹办新月书店,曾任新月书店经理。新月书店停办之后,又开办时代图书公司,出版《时代画报》等。

再如楼适夷,浙江余姚人,在小说、散文、翻译等领域都有不俗成绩,出版有短篇小说集《挣扎》《病与梦》,散文集《话雨录》《蟹工传》,诗集《适夷诗

---

① 周毓英:《记后期创造社》,见饶鸿竞等编《创造社资料》下册,福建人民出版社 1985 年版,第 792 页。

② 王余光、吴永贵:《中国出版通史·民国卷》,中国书籍出版社 2008 年版,第 285 页。

存》，译著小说有《在人间》等。在文学创作的同时，楼适夷还曾编辑过《抗战文艺》及《文艺阵地》等先进文艺刊物。此外，他还鼓动其堂弟楼春炜创办了天马书店。天马书店创办于 1932 年，创办人为余姚人楼春炜和韩振业。“适夷闲谈中向我提出，要我放弃记账打算盘的工作，鼓励我办一家新书店，做些有意义的事。……当时同乡友人韩振业正有意在上海投资出版业，当我和他商量，马上得到他的赞同。”[①]经过一段时间的筹备，天马书店成立，地址在北江西路近老靶子路口。楼适夷还参与了天马书店的出版运营。“他名义上是书店的编辑，但并不支薪，而且非常热心地帮助制定出版规划，提出以出版高水平的进步书刊为主，创作和翻译并重，还提出要尊重作家的权利。”正是有这样良好的发展愿望，天马书店出版了一批进步书刊，为左翼文艺运动做出了贡献，出版的主要图书有鲁迅、茅盾、郁达夫、丁玲的自选集，其中《鲁迅自选集》是天马书店出版的第一本书。后来，楼适夷又邀约鲁迅、丁玲、茅盾、张天翼、郁达夫、叶圣陶、洪深、田汉、郑伯奇等 16 位作家，各写一篇创作的体会，合集为《创作的经验》，出版之后大受好评，在七个月内再版两次，销售达万册。天马书店的发展，除了楼适夷孜孜耕耘之外，还得到鲁迅、茅盾等浙籍文学大师的悉心照顾。1933 年 3 月 9 日《鲁迅日记》：“阴，晚往致美楼夜饭，为天马书店所邀，同席者约二十人。”此外，冯雪峰、丁玲、沈起予、王鲁彦、叶以群等作家也都经常到天马书店做客。由此，从天马书店这一小书局的创设、发展就可以看出现代出版与文学的紧密联系，浙籍作家之于现代出版文化的贡献；同时，天马书店这一个例也从某种程度让我们窥见文化浙商背后深厚的文学文化的支撑，而这也正是文化浙商得天独厚的一种资源。

---

① 楼春炜：《忆天马书店》，载《出版史料》1991 年第 3 期。

第三章　张元济与商务印书馆

“在中国的新式出版事业中，张菊生确实是开辟草莱的人。他不但是个有远见、有魄力的企业家，同时又是一个学贯中西、博古通今的人。他没有留下专门著作，但百衲本二十四史每史有他写的跋，以及所辑《涉园丛刊》各书的跋，可以概见他于史学、文学都有高深的修养。”[①]这是茅盾在《商务印书馆编译所》中对张元济的评价。自 1902 年进入商务印书馆，张元济历任编译所所长，商务印书馆经理、监理和董事长等职务，与商务印书馆的现代发展紧密相连。张元济是构建现代出版文化的功臣，是一代出版巨擘，亦是现代文化浙商的翘楚。

第一节　江南望族之后——张元济的文化情怀与商务发展导向

1897 年(清光绪二十三年)2 月，曾在英国在华报馆做排字工的夏瑞芳等人创办了商务印书馆，开启了商务印书馆在中国近现代出版业的辉煌篇章。1901 年商务印书馆改组为股份有限公司，夏瑞芳任总经理。1902 年，张元济进入商务印书馆，由此这家出版机构开始走上现代出版道路。

张元济(1867—1959)，字筱斋，号菊生。浙江海盐人。生于清同治六年九月二十八日(公元 1867 年 10 月 25 日)，出生于广州。海盐张氏系浙西望族，可上溯到宋代。族谱记载：“张氏其志公(始迁祖张留生)，其先为宋崇国公无垢先生后。”[②]无垢先生，即张九成(1092—1159)，字自韶，原籍河南开封，南渡后定居浙江钱塘，南宋绍兴进士，廷对第一，历任著作郎，宗正

---

① 茅盾：《商务印书馆编译所》，《我走过的道路》(上)，人民文学出版社 1981 年，第 122—123 页。

② 徐从治撰：《盐官张氏族谱序》，明天启四年(1624)。

少卿，礼部侍郎，“正色立朝，敦尚气节，为有宋名臣”(《中庸说跋》)。后因对金主战，为秦桧所贬，谪居南安郡(今江西大余)14年。秦桧死后，复归，授温州知州。为理学家杨时弟子，研思经学，颇有创获。谪居期间刻苦著述，自号横浦居士，亦称无垢居士。有《孟子传》残存二十九卷、《中庸说》残存三卷以及《横浦文集》二十卷等著作存世。[①]

自始祖起，家风所染，张氏代有学人。据《张氏族谱》，无垢先生六世孙元代的张雨，工书画，善诗词，与赵孟頫、杨载、虞集等为文字交。著有《茅山志》《贞居先生诗集》等。明洪武初，张留生自钱塘迁海盐闻琴里，宗为始迁祖。志公以下，世代耕读。至明万历年间，有大白先生，名奇龄(1582—1638)，字子延，号符九，癸卯(1603)举人。曾主杭州虎林书院，居海盐南门外乌夜村，其读书处称大白居。著有《铁庵集》《存笥集》等四种，立有家训：“吾宗张氏，世业耕读。愿我子孙，善守勿替。匪学何立，匪书何习。继之以勤，圣贤可及。”大白公之子张惟赤，别号螺浮。为清顺治乙未(1655)进士，以直言敢谏称著于世。后来张惟赤归田，在海盐夜坞村故家，建涉园。张元济的六世祖张宗松，精于图书版本鉴别，为清代著名藏书家，在他的经营下涉园以藏书、刻书、著述辑刊享誉江浙，闻名遐迩。仅清绮斋藏书即达一千五百五十九部，不下一万余册。嘉道之际，江浙名流学者吴骞、鲍廷博、黄丕烈等，都曾向张氏涉园借书雠校。清初范承谟1671年春寓涉园，作诗云：“其间十亩有群松，怪石轰腾夔罔两。借问此中居者谁？张公昔岁长安归。”济南王士祯亦有《涉园图诗》云：“竹林通鹤柴，瀑水激鱼梁。海近帆樯集，云深洞壑藏。尘缨如可濯，图画即沧浪，槛曲交珠箔，廊回映绮疏。”涉园胜景可见一斑。涉园藏书很是丰富，张元济父亲张森玉曾说：“吾涉园藏书极富，积百数十年，未稍散失。嘉道之际，江浙名流，如吴兔床、鲍渌饮、陈简庄、黄荛圃辈，犹尝至吾家，借书校雠。青在公(张宗松之字)博通群籍，性耽吟咏，尤善刻书，群季俊秀，咸有著述，剞劂流布，为世引重。”遗憾的是，道光二十三年(1843)前后，太平天国运动期间，海盐屡遭兵燹，“自更洪、杨之役名园废圮，图籍亦散佚罄尽，而先世所刻书，更无片板存焉矣”[②]。涉园被毁，藏书散尽。1880年，张元济回故乡海盐所见之涉园，已成废址。“至则林木参天，颓垣欲堕；途径没蓬蒿中，小池湮塞。旁峙坏屋数椽，族人贫苦者居焉。踯躅墙畔，偶于苔藓中见石刻《范忠贞诗》，摩挲读

---

① 柳和城等编著：《张元济年谱》，商务印书馆1991年版，第1页。

② 顾志兴：《浙江藏书史》，杭州出版社2006年版，第280页。

之,徘徊不忍去。"①

14岁的时候,张元济归乡,跟随舅父谢榴读书,这段经历在《祭四弟文》有载:"余年十四侍母归于乡,兄弟三人师榴生舅氏,师责余,弟辄为余泣。……明年吾父殁。又明年,余学于查师,不获与弟偕,弟亦出就学,睽隔二三里,朝夕不相见……"②此后的1884年,张元济参加了县试,名列第一;1889年参加杭州乡试,名列第十,同科的有汪康年、蔡元培、汪大燮等;1892年,张元济赴京参加殿试,一举获二甲第24名进士,授翰林院常馆庶吉士。同科进士有蔡元培、叶德辉、吴士鉴、汪大燮等。1894年,翰林院庶常馆散馆,张元济被委任为刑部贵州司主事,六品衔。踏上仕途的张元济所处的晚清社会,正是"大厦将倾,群梦未醒,病者垂毙,方药杂投"内忧外患的窘困之时。甲午战争之后,张元济等忧时之士"每相邀约在松筠庵、陶然亭集会,筹商挽救之策,讨论当时所谓时务西学"。康有为、梁启超、汪大燮、文廷式等与张元济往来频繁,讨论朝政改革。

"今之自强之道,自以兴学为先,而兴学以培养人才,最为急务。"③张元济就格外注重教育的作用,不遗余力地倡导兴学和人才培养。他在给盛宣怀的信中指出:"国民教育之旨,即是尽人皆学,所学亦无须高深,但求能知处今世界不可不知之事,便可立于地球之上。否则未有不为人奴,不就消灭者也。"④1897年,张元济与陈昭常、张荫棠、何藻翔、曾习经等人创办了通艺学堂,培养"达于从政,专对四方"的人才。该学堂宗旨有三。第一条:国子之教,六艺是职。艺可从政,渊源圣门。故此学堂名曰通艺。第二条:欲开风气,必先首善。欲宏造就,必资儒流。故此学堂,设于京师,以待缙绅与其子弟之有志于此者。第三条:欧美励学,新理日出。未知未能,取资宜博。故此学堂专讲泰西诸种实学。⑤

翰林院侍读学士徐致靖向光绪帝称赞张元济:"熟于治法,留心学校,办事切实,劳苦不辞。在京师创设通艺学堂,集京官大员子弟讲求实学,日见精详。若使之肩任艰大,筹划新政,必能胜任愉快,有所裨益。"⑥1898年

① 张元济:《排印本〈海盐张氏涉园丛刻〉跋》,见张元济《张元济全集第10卷》,商务印书馆2010年版,第94页。

② 张元济:《祭四弟文》,见张元济《张元济全集第5卷诗文》,商务印书馆2008年版,第558页。

③ 张元济:《张元济书札》,商务印书馆1981年版,第9页。

④ 张元济:《张元济书札(增补本),商务印书馆1997年版,第1008页。

⑤ 张元济:《通艺学堂章程》,见张元济:《教育救国论》,高等教育出版社2010年版,第32—33页。

⑥ 张树年:《张元济年谱》,商务印书馆1991年版,第26页。

6 月 16 日，光绪皇帝召见张元济特意问询了办学堂事宜。《戊戌政变的回忆》记下了当年召见的情形：

> 二十八日天还没有亮，我们就到西苑，坐在朝房里等候。……我第四个进去，在勤政殿旁边一个小屋子里召见（这个殿现在已经完全改变样子，看不出了）。光绪坐在上面，前面放扎着黄桌帏的一张书桌。光绪也穿着衣冠，我进去后跪在桌子旁边。当时屋子里没有第三个人，只有一君一臣相对。太监留在门外，不能进内。
>
> 当时滇越边境发生划界的争执，光绪对我说："我们如果派人到云南去，要二个月才会走到，但外国人只要十天八天就会到达。我们中国道路不通，一切落后，什么事都赶不上外国，怎么好和人家办交涉呢？"我说："皇上现在励精图治，力求改革，总希望国家能够一天比一天进步。"他听了之后叹了口气说："可是他们都不能赞成呀。"我当时听他说这句话，心里觉得这位皇帝也够可怜了，也不便再说什么。光绪就把话头转到我们所办的通艺学堂上去。
>
> ……光绪对外边的事很熟悉，知道我们在办学堂。那天他就问到学堂的情形，我就把学生人数及所学科目告诉他。他勉励我几句，说要学生好好地学，将来可以替国家做点事。他还问我一些关于总理衙门的事，问些什么事我已经忘记了。光绪就叫我你下去罢，问话语气极为温和。看他面貌殊欠刚健，我退出时碰见荣禄进去。①

张元济被召见短短三个多月之后，就发生了戊戌政变。光绪皇帝被囚禁，康有为、梁启超出逃，六君子喋血。自 6 月 11 日，光绪皇帝颁发"明定国是诏"，开始政治变革运动，到 9 月 21 日的政变，"百日维新"运动宣告失败。张元济也因此受牵连，10 月 8 日，张元济与王锡蕃、李岳瑞一道被"革职永不叙用"，通艺学堂也被归并到京师大学堂。

> 九月二十三日余与王锡蕃、李岳瑞同拜革职永不叙用之命。

---

① 张元济：《戊戌政变的回忆》，见张元济：《读史阅世》，新世界出版社 2012 年版，第 156—157 页。

> 越数日谒廖仲山师。师时值枢廷，语余是日王李处分既定，德宗特谕枢臣，张某亦尝上书妄图国事，应并案办理，盖隐有保全之意。余封奏语涉狂妄，设有人弹劾，必膺严谴。即幸而漏网，余亦不能乞假出京，逗留都下。①

结束了京官生涯的张元济，南下到了上海，投入到兴学和出版事业中。应盛宣怀之邀，1899 年 4 月张元济出任南洋公学译书院主事，选译政治、法律、商务等书籍，以译书来开启民智。在南洋公学期间，张元济结识了夏瑞芳。夏瑞芳是商务印书馆的创办人之一。清光绪二十三年(1897)，夏瑞芳与高凤池、鲍咸昌、鲍咸恩等人集资创办了商务印书馆，主要以印刷为主要业务，出版过《华英初阶》《华英进阶》等中英文读本。"夏君因南洋公学不时有中文印件委托外间办理，借此时与张君接洽，至是乃以投资并主持编译相商，经张君详加考虑，卒应许参加，并为专力主持商务印书馆编译之任，遂辞南洋公学，以就商务之职。"②1902 年，张元济正式加盟商务印书馆。他认为："出版之事可以提携多数国民，似比教育少数英才为尤要"，为此以"扶助教育为己任"，把出版作为一种教育国民、增进国民素养的大事业。"时张菊生、蔡鹤卿诸先生及其他维新同志，皆以编译书报为开发中国急务，而海上各印刷业，皆滥恶相沿，无可与谋者，于是成踵于商务印书馆，扩大其事业，为国家谋文化上之建设。"③

"初创时的商务是以印刷为主的，并不是一开头便想做个出版家的，商务后来发展成为出版家，而且成为解放前我国最大的出版家，不能不归功于夏瑞芳和张元济。商务的主要创办人是夏瑞芳。夏瑞芳是一个有雄心的企业家，夏与张的结合才为商务成为一个出版企业奠定了基础。"④张元济加入商务印书馆之后，就紧锣密鼓地编制中小学教科书，创办杂志与学校，大量译介西方经典名著。1902 年商务印书馆编译所、印刷所、发行所设立；1903 年《绣像小说》创刊，第一分馆汉口分馆设立；1904 年《东方杂志》

---

① 张元济：《追述戊戌政变杂咏》，见张元济：《读史阅世》，新世界出版社 2012 年版，第 261—262 页。

② 王云五：《商务印书馆与新教育年谱》，见商务印书馆 110 年大事记编写组编：《商务印书馆 110 年大事记 1897—2007》，商务印书馆 2007 年版，第 77 页。

③ 杜亚泉：《记鲍咸昌先生》，见蔡元培等：《商务印书馆九十年 我和商务印书馆 1897—1987》，商务印书馆 1987 年版，第 9—10 页。

④ 陈叔通：《回忆商务印书馆》，见蔡元培等：《商务印书馆九十年 我和商务印书馆 1897—1987》，商务印书馆 1987 年版，第 132 页。

创刊,《最新国文教科书》开始出版;1905年正式成立股份有限公司;1906年《林译小说丛书》50种出版,编印《说部丛书》第一辑;1907年涵芬楼设立,收藏古今图书等。短短几年时间,商务印书馆面貌一新。“自是厥后,商务印书馆始一改面目,由以印刷业为主者,进而为出版事业。其成为我国历史最长之大出版家,实始于张君之加入。”[①]夏瑞芳与张元济的结合,成就了商务印书馆的辉煌,也正是通过商务印书馆这个平台,张元济的教育思想得以实现,也由此决定了商务印书馆的发展导向。

第二节 亦文亦商的博弈——文化追求与商业旨趣并行的典范

“在没有商务印书馆之前的书店,完全为商业,而且好多是教会办的,以印圣经为传教服务,兼做一些生意,价值很小;所以可以说在商务诞生之前有书商无文化价值,商务诞生以后引起很多文化出版家,这是商务有开风气的作用。商务的出版经营是从全国着眼的,各省设有分馆,其出版物的文化影响有全国性的,影响大,作用也大。”[②]作为中国现代出版史上创办时间最长、规模最大的现代出版机构,自1897年成立到1949年的52年间,商务印书馆共出版图书15137种,若自1912年算起,其出版种数约占民国时期全国出版图书种数的12%。[③] 在图书出版之外,商务印书馆创办了诸多刊物:讨论时政、阐明学术者,有《东方杂志》;研究教育以促进步者,有《教育杂志》;谋国内学生界交换知识,互通声气者,有《学生杂志》;谋求增进少年及儿童普通知识者,有《少年》杂志、《儿童世界》及《儿童画报》等;讨论妇女问题者,有《妇女杂志》;谋促进学生英语知识者,有《英语周刊》;研究中外文学者,有《小说月报》;研究中国自然物及自然现象者,有《自然界》杂志;等等,无不内容丰富,材料新颖,见称于读者。[④] 也正因此,有学者指出就出版事业而言,除了低品位的书,商务印书馆出版了很多门类的第一

① 王云五:《商务印书馆与新教育年谱》,见商务印书馆110年大事记编写组编:《商务印书馆110年大事记1897—2007》,商务印书馆2007年版,第77页

② 陈叔通:《回忆商务印书馆》,见蔡元培等:《商务印书馆九十年 我和商务印书馆1897—1987》,商务印书馆,1987年版,第131页。

③ 李家驹:《商务印书馆与近代知识文化的传播》,商务印书馆2005年,第156页。

④ 庄俞:《三十五年来之商务印书馆》,见蔡元培等:《商务印书馆九十年 我和商务印书馆1897—1987》,第736—737页。

本书，商务印书馆的“原创性选题数量之多，也一点不夸张，当时所有出版社加起来也超不过他”[①]。商务印书馆对于现代出版文化的杰出贡献，与张元济的掌舵有着密不可分的联系，而最能体现张元济文化追求的是教科书出版与古籍的整理出版。

一、商务印书馆的教科书出版

在我国的出版印刷格局中，教科书长期不为重视：“我国印刷之业，始于五代，历宋、元、明以迄于清，积渐发展。顾其所注意者，率在四部巨帙，供成学治国闻者之涉览。间以饾饤稗贩，以饷举子。至于村塾课本，大多数儿童之所诵习，则大抵粗率不求精也。”孩童教育所用的童蒙课本，基本就是《三字经》《百家姓》《千字文》《千家诗》《神童诗》、《龙文鞭影》《幼学琼林》等读物。清末以来，随着新式学堂的兴起，教科书的编制出版发生了革命性的变化：“清之季世，师欧美各国及日本之制，废科举，立学校，始有教科书之名。为教习者，以授课之暇编纂之，限于日力，不能邃密。书肆诎于资而亟于利，以廉值购稿而印之，慰情胜无而已。迈二十年，始有资本较富者之书肆，特设编辑所，延热心教育之士，专任其事，于是印刷之业，始影响于普通之教育。其创始之者实为商务印书馆。”[②]商务印书馆引领了清末以来的教科书革命。只是，在商务印书馆的教科书编制之前，国内教科书的编制长期由教会主导，包括最早的新式教科书就是教会学校编辑出版的。

1877 年在华基督教传教士举行全国第一次大会，由基督教在华各教派在上海联合组成了“学校和教科书委员会”(School and Textbook Series Committee)，为当时的教会学校编辑出版一套可行的教科书，推举狄考文、韦廉臣、林乐知、丁韪良、傅兰雅、黎力基等为委员，负责编写、组稿和出版事宜。经过商讨，决定编写初、高级两套教材，初级教材由傅兰雅负责，高级教材由林乐知负责。委员会还议决了教会学校教科书的编辑方针：

> (1)最好是编，不是译，文字用最浅显的文理，结合中国的风俗习惯，使中国人易于接受；(2)不仅为学生用作课本，而且教员也可用来进行教学；(3)不仅供教会学校使用，也要着眼于让教外

---

① 汪家熔：《近代出版人的文化追求》，广西教育出版社 2003 年版，第 67 页。

② 蔡元培：《商务印书馆总经理夏君传》，见蔡元培等：《商务印书馆九十年 我和商务印书馆 1897—1987》，商务印书馆 1987 年版，第 1 页。

学生使用；(4)最重要的是，不但课本要非常科学，而且要利用每一个机会引导读者注意上帝、罪恶、拯救的伟大事实。①

从成立时起到1890年的13年间，该委员会一共出版了大约3万册教科书和图表，教科书共出版了59种，大部分是宗教教材。狄考文曾说："教科书委员会出版的相当大一部分根本不是什么学校教科书，而只不过是宗教传单。"②"欧美发骎势渐东，全凭基督作先锋。"③在华传教士群体之后，国内的仁人志士开始意识到了教科书编写的重要性，纷纷投入教科书编写的出版活动当中。教科书出版主体也经历了从教会出版机构到民营出版机构的嬗变。尽管如此，晚清以来，教科书一直匮乏。新政时期清政府虽然颁布了癸卯学制，并先后设立京师大学堂编书处和学部编译图书局，负责教科书的编写出版，但因官方机构效率低下，没有足够的力量编写出版符合新时代需要的高质量教科书。于是，政府鼓励社会力量参与其中：官编教科书未出版之前，应准各学堂自编讲义，果能合法，即准作为暂时通行之本。其私家编纂之课本，呈由学务大臣鉴定，如确合教科程度者，亦可采用。④

"纵观南北各书坊，半备消闲半学堂。旧日诗文今尽弃，趋时新置教科忙。"⑤文明书局、商务印书馆、中华书局等出版机构都先后投入教科书编印、发行行列，出版各式系列教科书，而后各大小书局也纷纷加入教科书编印，形成教科书出版的竞争局面。这些新式教科书在编写体例、内容等方面较之教会学校编写的教科书有很大的进步。吴研因在《清末以来我国小学教科书概观》一文中总结了清末以来小学教科书最重大的改革进步，主要体现为：白话文崛起，如中华的新体教科书就用白话编辑；儿童文学抬头，他举例说所谓新学制的小学国语课程就把儿童文学做了中心，各书坊的国语教科书，例如商务的《新学制》，中华的《新教材》《新教育》，世界的《新学制》……也就拿儿童文学做标榜，采用了物话、寓言、笑话、自然故事、

① 《基督教在华传教大会记录1890年》，附录正，"教科书委员会的报告"第712—719页，转引自顾长声：《传教士与近代中国　增补本》，上海人民出版社1981年版，第238—239页。

② 《基督教在华传教士大会记录，1890年》，第550页，转引自顾长声：《传教士与近代中国增补本》，上海人民出版社1981年版，第239页。

③ 顾炳权：《上海洋场竹枝词》，上海书店出版社1996年版，第219页。

④ 《政务处奏请特设学部》，见舒新城：《中国近代教育史资料》，人民教育出版社1981年版，第134页。

⑤ 俞子林：《百年书业》，上海书店出版社2008年版，第320页。

生活故事、传说历史故事、儿歌民歌等；教育目的逐渐正确，教材分量逐渐增加，写作渐多艺术兴趣，编制渐趋手脑并用，国语读本从单字起进而为从整段的故事起，国语教材的编排由无组织进而为由组织，插图从三色进而为复色或彩色，数量增加，形式也生动了，课文之外的粗边线、书名、页目等一切足以妨碍儿童视线或有损书的美观的东西都逐渐取消了。[①] 教科书成为民国时期各大小书局市场占有和竞争的重要品种。出版界将商务印书馆、中华书局、世界书局、大东书局、开明书店等五大民营书局，简称为"商、中、世、大、开"，就是根据其出版发行中小学校教科书数量的多寡来排列次序的。[②]

商务印书馆在教科书编制、发行和影响方面的龙头老大地位的形成、巩固和延续，与张元济教育救国的主张密不可分。教科书是张元济的教育情怀在出版事业上的重要投射，或者说，商务印书馆对教科书出版的培育和重视，是张元济救国主张的一种文化实践。张元济认为教育在救亡图存中具有十分重要的意义，这在《答友人问学堂事书》中有翔实地阐述：

> 一、勿存培植人才之见。非谓学堂不足以育才，然念念在育才，则所操者狭而所及者浅。泰西人罕不学，非必皆人才也，然于人当知之事无不知之，而民智大开。在上者有所施行，亦不至于妄为阻抗。此善政之所以能行也。吾国民多愚蠢，饮食男女之外几无所知，国之危亡非所问，种之衰灭非所计，屯蒙浑噩，蠕蠕于群动之中。临如是之人民，虽有善政，行且见恶。故诏兴铁路，则谓有碍本地风水矣；诏废书院，则谓绝寒士生路矣。吾皇圣明，而海内谤之。亦此故也。今设学堂，当以使人明白为第一义。德被法败、日本维新，均汲汲于教育之普及者。无良无贱、无智无愚、无长无少、无城无乡，无不在教育之列也。本此意以立学，则必重普通而不可言专门，则必先初级而不可亟高等。[③]

到了商务印书馆之后，张元济这种普及教育的思想通过尚公小学等各式学校的创办得以践行。1905 年，小学师范讲习班和附属小学设立，邀请

① 吴研因：《清末以来我国小学教科书概观》，载《中华教育界》1935 年第 1 期。

② 朱联保：《近现代上海出版业印象记》，学林出版社 1993 年版，第 7 页。

③ 张元济：《答友人问学堂事书》，见张元济：《张元济全集第 5 卷诗文》，商务印书馆 2008 年版，第 23 页。

蔡元培、杜亚泉、蒋维乔等执教，运用商务印书馆的教育书籍，普及小学教育。1907 年附属小学改组为尚公小学。1909 年，商务印书馆创办了商业补习学校，张元济亲自担任校长。此后商务印书馆又开办了艺徒学校，传授印刷等技艺。1910 年又开办了师范讲习社、养真幼儿园等，为学龄前儿童提供学习的机会。1915 年，商务印书馆又创办了函授学校，张元济兼任校长。

教育的普及有赖于教科书的编制。在张元济看来，语言文学与“国民自立之性”密不可分：

> 一、勿以洋文为常课。语言文字者，生民之大用，立国之精神也。未有语言文字亡而其国尚能存者。（近人译日本高田早苗所著《国家原理》，论之最详）俄亡波兰而强习俄语；美据菲律宾而议用英文。灭国手段，此为最酷。各国教会入华为传教计，故竞设西文学堂。昔之人不暇审察，贸贸然踵而行之。至于今日，或英、或法、或德、或俄、或日本，樊然并举，彼国之人亦遂欣焉以助其成，盖欲储为异日之用也。夫我国立学而他日可收为己用，此中利害盖可见矣。今设学堂，惟省会及通商各埠可别立洋文一科，余悉用华文教授，庶于教育之道不至背驰，可以保持国民自立之性，亦可以杜塞旧党[1]汉奸之诟。

在保持“国民自立之性”的同时，张元济主张勿用洋人课本，替之以自编课本：

> 勿沿用洋人课本。童子于入学之始，脑质空灵。先入一误，始终难拔。无论洋文读本宜自编纂，即华文教科书各教会学堂所刊者，大都以阐扬彼教为宗，否亦取径迥别，与中学绝无关合。愚意均不可用。最上速自译编，其次则集通儒，取旧有各本详加改订。虽未必佳而流弊要较少矣。[2]

---

① 张元济：《答友人问学堂事书》，见张元济：《张元济全集第 5 卷 诗文》，商务印书馆 2008 年版，第 23—24 页。

② 张元济：《答友人问学堂事书》，见张元济：《张元济全集第 5 卷 诗文》，商务印书馆 2008 年版，第 24 页。

"吾国民若不亟施以教育，后此将何颜立于世界。窃谓整理财政，固为当务之急，然以教育方之，则财政犹退居其次。无论从何方面着想，终不能不从教育入手，财政固根本问题，而教育则根本中之根本也。"①正是看重了教科书的市场需求以及教科书的重要性，商务印书馆在张元济的主持之下紧锣密鼓投入教科书编撰工作。

1902 年，张元济约请杜亚泉编辑了《文学初阶》6 卷，供蒙学堂学生使用。当时清朝政府"兴学堂"，但仍规定"其教法当以四书五经纲常大义为主"。杜亚泉置清廷法令于不顾，一改"三、百、千"(《三字经》《百家姓》《千字文》)的传统教材，首创按语言规律，从实词入手，由浅入深，循循善诱，然后由实而虚，由单字而句子，由儿童身边常见事物各种浅近知识，再到声光化电、中外史地人物，再进而到伦理修身，以及激励奋发读书学艺以振兴中华等内容。杜亚泉在其第一卷序言中写道："蒙学一事不但为学生一身德行之基础，实为全国人民盛衰文野之根源。"该蒙学课本采用儿童身边常见的浅近事物做认字课文与内容，图文并茂，契合儿童的阅读和接受兴趣。从商务印书馆教科书编撰历史来说，《文学初阶》为此后商务印书馆教科书编撰开了先河。

1903 年，夏曾佑编写的《中国历史教科书》第一分册出版，后来该书又列入商务印书馆的《最新教科书》，名为《最新中国历史教科书》，1933 年收入《大学丛书》，改名为《中国古代史》。1955 年，该书还在三联书店重印。《中国历史教科书》被认为是我国第一部新体通史。关于这套教科书，1904 年 3 月 11 日出刊的《东方杂志》曾为它做过广告："……本馆特请通人精心编纂，兼聘日本文部省图书审查官兼视学小谷重君、高等师范学校教授长尾桢太郎君及曾从事中国学堂之福建高君凤谦、浙江张君元济详加校订，一字不苟，经营数月，始成数册，因应急需先将首册出版……"②

1904 年，张元济与高梦旦、蒋维乔等编撰《最新教科书》，该套教科书成为商务教科书的奠基之作，是我国第一套科目齐全的新式中小学教科书。蒋维乔回忆："教科书之形式、内容渐臻完善者，当推商务印书馆之《最新教科书》。此非作者身与其役，竟敢以此自夸，乃有客观之事实，可以证明：一、此书既出，其他书局之儿童读本，即渐渐不复流行。二、在白话教科书未提倡之前，凡各书局所编之教科书及学部国定之教科书，大率皆模仿此

① 张元济：《张元济书札》，商务印书馆 1981 年版，第 63 页。

② 转引自叶宋曼瑛：《从翰林到出版家：张元济的生平与事业》，商务印书馆（香港）有限公司 1992 年版，第 107 页。

书之体裁，故在彼一时期，能完成教科书之使命者，舍《最新》外，固罔有能当之无愧者也。”[①]《最新国文教科书》的成功编撰离不开张元济的筹谋。1904年，汪康年转告张元济，说清廷拟请张元济出任外务部职事，张复信辞谢，表示进入商务后的心情是踏实的：“弟近为商务印书馆编纂小学教科书，颇自谓可尽我国民义务。平心思之，视浮沉郎署，终日做纸上空谈者，不可谓不高出一层也。”[②]

为了编撰教科书，张元济组建了强大的编撰队伍。张元济聘请高梦旦、蒋维乔等人做编辑。他还聘请日本人长尾桢太郎和小谷重为顾问，以便吸取日本编辑教科书的经验。同时，他对编写者的选择十分严格，既要求有丰富的知识，又要求有教学经验，还要有相当高的文字水平。参加编写者先后有杜亚泉、伍光建、黎锦熙、任鸿隽、傅东华、周予同、吴研因、丁文江、周建人等。这些学有专长的专家学者耗时半年多，终于编就这套教科书。

1906年，清学部公布第一次审定暂用教科书表：审定初小教科书103种，商务印书馆有54种，文明书局32种；高小用书共75种，商务印书馆30种，文明书局21种；中学用书共194种，商务印书馆32种，文明书局仅9种。[③] 商务印书馆推出的《共和国教科书》，初小、高小、中学、师范及半日制学校各科用书，无不齐备，各校纷纷采用，其中，小学用共和国文教科书尤为风行，短短十余年间，重印三百余次，销售至七八千万册。由此可见商务印书馆教科书的成绩。此后商务印书馆又编撰多套教科书，长期执教科书出版市场之牛耳，教科书出版成为商务印书馆的传统与优势。

蔡元培曾对商务印书馆早期在教科书方面的贡献予以评价：“于是印刷之业，始影响于普通之教育。其创始之者，实为商务印书馆……审慎周翔，无不如是。编辑之日力，缘是而虚靡者巨，不敢吝也。又有教授参考书……大受教育界之欢迎。而同业之有事于教科书者，度不能以粗疏之作与之竞，则相率而效之，于是书肆之风气，为之一变，而教育界之受其影响者，大矣。”[④]商务印书馆教科书的影响和良好社会声誉，与其编辑团队严谨认

---

① 蒋维乔：《编辑小学教科书之回忆（一八九七——一九〇七）》，见蒋维乔：《蒋维乔自述》，安徽文艺出版社2013年版，第16页。

② 张元济：《致汪康年》，见张树年《张元济书札》（增订本，中），商务印书馆1997年版，第654页。

③ 汪家馆：《民族魂——教科书变迁》，商务印书馆2008年版，第36页。

④ 蔡元培：《商务印书馆经理夏君传》，见蔡元培等：《商务印书馆九十年 我和商务印书馆1897—1987》，商务印书馆1987年版，第2页。

真，重视质量的做派密不可分。商务版的每一册教科书后面都附有一页编译所告白“敬告学界诸君”：

> 本馆同人编辑教科书，按照程度悉心斟酌，每成一书，必易数稿，以期适用，惟限于学识，深恐多所未合，务望海内同志将其谬误之处痛加针砭，并希大笔斧削，本馆同人敬当择善而从，随时改良，以期臻于完美，断不敢稍护前短，想热心教育者必不吝于赐教也。惠函请寄上海宝山路商务印书馆编译所，并祈示明里居姓氏，以便往返函商，常承大教尤为厚幸。①

对于商务印书馆教科书编制出版的历史地位与影响，李泽彰在《三十五年来中国之出版业》一文中有过评价。他指出：“民营的出版业在革新运动的后期，不仅是在出版界居重要的地位，并且在新教育的推行上也有极大的帮助。因为在光绪三十二年，学部虽然颁布了学堂章程，但借以推行新教育的教科书并未编印。在科举初废时，教科书的编制实为创举。真是一件极困难的事。当时的出版业不避艰难，毅然负此重任，实属难能可贵。其最早编印教科书以备采用者，当推商务书馆。我们现在谈到科举的废除，学校的创设，不能不归功于革新运动。而革新运动有此成绩。我们却又不能不归功于当时的出版业，尤其是商务印书馆。”②由此可见，教科书的编制与发行，是张元济心心念念的教育救国的实践，亦是对其早年革新运动的一种回应。

二、张元济与商务印书馆的古籍整理出版

张元济曾言：“余喜蓄书，尤嗜宋刻。因重其去古未远，亦爱其制作之精善，每一展玩，心旷神怡。余尝言一国艺事之进退，与其政治之隆污，民心之仁暴有患息相通之理。况在书籍，为国民智识之所寄托，为古人千百年之所留贻，抱残守缺，责在吾辈。”③张元济不遗余力地投入到古籍珍本的

---

① 转引自周武：《文化市场与上海出版业（1912—1921）》，见熊月之、高纲博文主编《透视老上海 中日青年学人的上海史研究》，上海社会科学院出版社2004年版，第195页。

② 李泽彰：《三十五年来中国之出版业》，见张静庐辑注：《中国现代出版史料》下卷，中华书局1959年版，第385页。

③ 张元济：《宝礼堂宋本书录序》，见张元济著，张人凤、宋丽荣选编：《张元济论出版》，商务印书馆2011年版，第101页。

搜集、整理工作。他曾致书北京的版本目录学家傅增湘:“吾辈生当斯世,他事无可为,惟保存吾国数千年之文明,不至因时势而失坠。此为应尽之责。能使古籍多流传一部,即于保存上多一分效力。吾辈炳烛余光,能有几时,不能不努力为之也。”[①]张元济精通版本、目录及古籍校勘学,在他的主持下,商务印书馆成为整理和弘扬传统文化的重要阵地。商务印书馆先后影印《四部丛刊》《百衲本二十四史》《续古逸丛书》《丛书集成初编》《四库全书珍本初集》等多卷本古籍。为此,王绍曾在《近代出版家张元济》一书中特别提道:“张元济先生为古籍的整理出版,献出了他毕生的精力,也是他一生事业中最重要的贡献。”[②]

1904年,商务编译所图书馆(后定名为涵芬楼)创设,第一批购入会稽徐氏熔经铸史斋的藏书,这也是张元济对古籍和善本书籍收购的开始。张元济致信版本目录学家缪荃孙时谈及,要“拟劝商务印书馆抽拨数万金收购古书,以为将来私立图书馆张本”[③]。此后数十年间,张元济到处搜集整理古籍。1906年,清末四大藏书家之一陆心源的皕宋楼的200种宋版书谋售。夏瑞芳得知后“慨然许以八万”想要购买,并由张元济出面洽谈。可是因为索价过高,商务无力购买而为日本财阀岩崎的静嘉堂文库所得。对于古籍善本流失海外,张元济痛心疾首,致信缪荃孙说:“来书慨然于旧书之将绝,此亦时会使然,要在有一二先觉者出为转移,自有挽回风气之日。承示图书馆宜多备通行书,甚是甚是。但难得之旧本。若无公家为之保存,将来终归澌灭。丙午春间,皕宋楼书尚未售与日本,元济入都,力劝荣华卿相国拨款购入,以作京师图书馆之基础。乃言不见用,今且悔之无及。每一追思,为之心痛。”[④]后来,《永乐大典·经世大典》被日本人田中以千元天价购买时,他也表达过同样的扼腕悲叹:“《经世大典》在我国已不可见,今竟有三册之多流入东邦,殊为可惜。”[⑤]

张元济曾多次为古籍珍本奔走求索,“求之坊肆,丐之藏家,近走两京,远驰域外。”1906年与缪荃孙商影印古籍。1909年,为涵芬楼购入太仓顾氏闻斋藏书。1919年,曾赴常熟罟里观瞿氏铁琴铜剑楼藏书。1925年,赴扬州,购何氏藏书。1928年,赴日本,观静嘉堂文库等处所藏中国典籍,商借若干国内失传之版本,雇佣日本摄影师用特种相机将书按页摄成小底

---

① 张元济、傅增湘:《张元济傅增湘论书尺牍》,商务印书馆1983年版,第145页。

② 王绍曾:《近代出版家张元济》,商务印书馆1984年版,第57页。

③ 张元济:《张元济全集第3卷书信》,商务印书馆2007年版,第495页。

④ 张元济:《张元济全集书信》,第3卷,商务印书馆2007年版,第496页。

⑤ 张元济:《张元济全集第3卷书信》,商务印书馆2007年版,第297页。

片。最后带回了46种罕见古籍的摄影底片，带回上海影印，辑入《四部丛刊》《百衲本二十四史》。

在古籍善本收购的基础上，在缪荃孙等人建议下，张元济启动了影印古籍的工作。1919年《四部丛刊》开始出版。在《印行四部丛刊启》中，张元济坦言古籍印行的重要意义："自咸同以来，神州几经多故，旧籍日就沦亡，盖求书之难，国学之微，未有甚于此者。"商务印书馆的影印古籍是对民族文化的抢救，汇集善本是接续前代学者的文化研究工作。从《商务印书馆目录》(1897—1949)和上海图书馆编印的《丛书综录》(一九五九年版)的粗略统计来看，商务在1949年出版的古籍丛书，有43种。其中由张元济等自辑，或用涵芬楼名义和商务编辑人员名义辑印的丛书共计12种，其中影印本6种，排印本5种，影印兼排印本1种。有研究者指出：张元济整理出版古籍的一个特点是在总结前人汇刻丛书经验的基础上，以常用、实用与罕见相结合，荟萃古人之书，不拘门类，兼收并蓄，以精影保持原书的本来面目，使许多珍本秘籍广为流传；在自辑丛书的同时，又进一步将前人校刻的丛书，去其重复，另成一部包罗富有的大丛书。[①]

张元济曾对顾廷龙说，网罗古籍之目的有三："一为抢救文化遗产，使其免于沦亡；二为解决学者求书的困难，满足学者的阅读需求；三为汇集善本，弥补清代朴学家所未能做到的缺陷。"[②]张元济先后为商务印书馆编校、辑印的古籍有：《涵芬楼秘笈》线装80册；《四部丛刊》初编、续编和三编，共计线装3112册，另附书目1册；《续古逸丛书》47种，《道藏·续道藏》1476种，1120册，《百衲本二十四史》线装820册；《四库全书珍本初集》线装1960册；《丛书集成初编》线装34687册，《国立北平图书馆善本丛书》线装70册，《影印元明善本丛书》10种；《孤本元明杂剧》线装32册。

著名学者顾廷龙在《回忆张菊生先生二三事》一文中对张元济整理古籍做了深刻的评价，他说："先生对目录、版本、校勘之学，有深邃造诣，充分体现于《四部丛刊》的初、二、三编(四编已近就绪，仅出了两种，以单行本流传)和《百衲本二十四史》等编校影印工作中。皇皇巨编，非有高深的学养，难能作出宏大的规划；博访古本、善本，非熟悉中外藏书情况，难以集事；搜罗异书，发扬特点，非有渊博的学问，不克有所发明。至于辨析版本，他不仅注重其一卷一册，进而精求其书之每一页。因为同一版本此本与彼本之

① 王绍曾：《近代出版家张元济》，商务印书馆1984年版，第59页。

② 顾廷龙：《回忆张菊生先生二三事》，见宋应离，袁喜生，刘小敏编《20世纪中国著名编辑出版家研究资料汇辑 第1辑》，河南大学出版社2005年版，第36页。

间，既有清朗与模糊之别，又有复页与脱简之差。前人谈版本的均不及此。他影印时非常严格，遇到这种情况，均千方百计想法调换，这种不苟的精神，令人钦敬，同时也为研究目录版本者开辟了新的途径。”①

对于张元济的古籍搜集整理事业来说，最大的浩劫就是涵芬楼和东方图书馆的毁于战火。1932 年，上海发生了“一·二八”事变，商务印书馆的涵芬楼和东方图书馆毁于战火。涵芬楼汇集了张元济藏书的心血。版本目录学者赵万里曾追述：“涵芬楼要算当时江南唯一的大藏书库，方面之广，质量之多，无论宋元旧椠、明清旧钞，足足塞满了二三十个大木柜子。虽然其中名贵的，已经盛了几十个大衣箱运到租界里金城银行内库避风火去了，剩下的一部分，据我看来，还是值得羡慕。”“除极少数外，无一非绝无仅有的秘笈，……除了史部各书，最引人注意者，尚有类书类，明人吴琉所编蓝格抄本《三才广记》一书，共存四百九十六卷，八十三册，原书卷数达一千一百八十四卷，卷数比《太平御览》还多。在涵芬楼只有三分之一，现在天一阁者，尚有百册左右，合起来虽不完全，实已过全书之半。自从一九三二年一月二十八日，经过日本飞机队巡礼以后，一律化为灰烬。除了我日记簿上一些痕迹以外，什么都看不见了。”②涵芬楼被毁之后，张元济仍四处奔走，继续为古籍的整理和出版尽力。1939 年，与郑振铎、何炳松等数次联名致电重庆当局，要求拨款抢救劫中流散古籍。

张元济对文化典籍的整理出版，并不是只有文化情怀的寄托，还有着商业方面的慎重考虑。这些大型丛书的推出契合了当时图书馆事业的迅猛发展需求。据统计，在 1901—1911 年间，我国已经开办和正在筹建的各类图书馆共 40 余所，而自 1917 年全国兴起“新图书馆运动”后，图书馆事业得到迅速发展，至 1925 年已达 502 所，1930 年达 1468 所，1931 年 1620 所，1935 年达 2935 所，1936 年高达 5196 所，以至这两年成为整个晚清民国时期图书馆数量的最高峰。③ 商务印书馆的大型丛书出版活动，正是集中于 1925—1936 年间，这期间启动了“四部丛刊”“万有文库”“国学基本丛书”“世界汉译名著”等丛书 38 套。当然，需要补充的是，张元济对古籍搜集整理出版的活动离不开夏瑞芳等人的信任与支持。尤其是在商务印书馆资金有限的困窘中，夏瑞芳调用重金鼎力支持。“时归安陆氏皕宋楼藏书谋

---

① 顾廷龙：《回忆张菊生先生二三事》，见宋应离、袁喜生、刘小敏编：《20 世纪中国著名编辑出版家研究资料汇辑第 1 辑》，河南大学出版社 2005 年版，第 35 页。

② 《天一阁说到东方图书馆》，载《国立北平图书馆馆刊》1934 年第 1 期。

③ 来新夏等：《中国近代图书事业史》，上海人民出版社 2000 年版，第 208、257、302 页。

鬻于人。一日夏君以其钞目示余，且言欲市其书，资编译诸君考证，兼以植公司图书馆之基。余甚韪之。公司是时资金才数十万元，夏君慨然许以八万。事虽未成，亦可见其愿力之雄伟矣。"①

"商务印书馆的贡献，荦荦大者，计有四端，即：教育教材的供给，中外名著的印行，实际教育文化事业的举办，以及国货的提倡。"②在教科书和古籍整理出版之外，商务印书馆的出版物门类囊括社会科学、自然科学、应用技术、文学艺术、儿童读物、中外语文辞书和各类专科工具书等。正如叶圣陶的评价："从出版书籍和杂志来说，古今中外，文史政哲，理工农医，音体艺美，无所不包，有极其专门的，也有非常通俗的，不管男女老幼，不管哪行哪业，都可能从商务找到自己需要的喜爱的书刊。服务的对象如此广泛，出版物的种类如此繁多，在当时以商务为最。而商务的气魄所以这样大，是跟编译所的奠基人张元济先生分不开的。"③正是张元济广阔的文化视野和情怀，赋予商务出版物多元丰富的面貌和优秀的出版品质。

第三节　翰林出版家的管理和运营智慧

1935 年，王云五总结商务印书馆创办 30 年间与中国文化的关系，列有 7 项：(1)关于教科书之编印；(2)关于文体之改革；(3)关于西洋文学之介绍；(4)关于社会科学之介绍；(5)关于自然科学之介绍；(6)关于国故及国故之整理；(7)关于文学工具之供应与研究。他认为说："以一私人营业机关，而与全国文化发生如是重大关系者，在国内固无其匹，即在国外亦不多见。"④商务印书馆对中国近现代的重要影响，固然离不开张元济的领航与规划，但更得益于聚集在商务印书馆的知识群体的共同努力。"昌明教育平生愿，故向书林努力来；此是良田好耕植，有秋收获仗群才。"这是张元济晚年写给商务印书馆同仁的告别诗。可以说，在张元济的书卷人生与商务印书馆的辉煌中，"仗群才"是他得以铸就商务辉煌的重要基础，也是他致力于商务运营的最大智慧体现。

---

① 张元济：《张元济全集第 4 卷诗文》，商务印书馆 2008 年版，第 392 页。

② 黄良吉：《〈东方杂志〉的刊行及其影响之研究》，台湾商务印书馆 1969 年版，第 2 页。

③ 叶圣陶：《我和商务印书馆》，载《出版史料》1983 年第 2 辑。

④ 王云五：《本馆与近三十年中国文化之关系》，见《商务印书馆九十五年我和商务印书馆：1897—1992》，商务印书馆 1992 年版，第 284—288 页。

一、人才吸纳与编译所的发展

商务印书馆的创办人夏瑞芳早就有考虑创办编译所。当时包天笑因为委托商务印书馆印书和夏瑞芳常有交往。为此夏瑞芳经常问询编译所创办的办法等意见。包天笑直言相告，商务印书馆如果要扩展业务，预备自己出书，非办编译部不可。他还建议夏瑞芳自己则专心于营业，应当请有学问的名人主持编译所。[①] 夏瑞芳邀请来的有学问的名人就是张元济。张元济“带着一个爱国智者的不平常却又切实可行的理想”，通过商务印书馆这一平台实现开发民智、振兴中华的理念。受邀加入商务印书馆之后，张元济和夏瑞芳共事 12 年，张元济主编务，夏瑞芳当经理，不但奠定了商务印书馆创业时期及其以后发展时期的坚实基础，而且因两人“意气相投”，合作无间，使这个新开垦的园地成为张元济的理想试验场。[②] 同时，张元济延续了夏瑞芳对人才吸纳和建设的传统。

张元济在《涵芬楼烬余书录·序》中说：“余既受商务印书馆编译之职，同时高梦旦、蔡孑民，蒋竹庄诸子咸来相助。”[③]章锡琛的一段回忆印证了这番话：“夏瑞芳既请到所长，对企业兴趣更大大提高，请菊老搜罗人才，健全编译所组织，聘请长乐高梦旦(凤谦)为国文部主任，蒋维乔、庄百俞等为国文编辑，又依蔡孑民的推荐，聘他的同乡人杜亚泉为理化数学部主任，积极进行教科书编辑工作。”[④]张元济在商务的成就，离不开高梦旦、王云五等人的协助。“另一位是高梦旦，在商务历史上也是重要人物，出版的基础，成套的规划，高出力不少，我常谈他是参谋长。”[⑤]高梦旦曾著文《翻译泰西有用书籍议》：“互市以来，天下竞尚西学，竞习西文。然而音义诡异，则学之难也。教授乏人，则师之难也。由官设学，则周遍之难也。由民自学，则经费之难也。文义深远，则成功之难也。国不一国，则兼通之难也。惟以译

① 包天笑：《重印〈仁学〉》，见包天笑：《钏影楼回忆录》，中国大百科全书出版社 2009 年版，第 236 页。

② 陈原：《商务印书馆创业百年随想》，见《商务印书馆一百年 1897—1997》，商务印书馆 1998 年版，第 284 页。

③ 张元济：《〈涵芬楼烬余书录〉序》，见张元济：《张元济全集第 8 卷古籍研究著作》，商务印书馆 2009 年版，第 171 页。

④ 章锡琛：《漫谈商务印书馆》，见蔡元培等：《商务印书馆九十年 我和商务印书馆 1897—1987》，商务印书馆 1987 年版，第 108 页。

⑤ 陈叔通《回忆商务印书馆》，见蔡元培等：《商务印书馆九十年 我和商务印书馆 1897—1987》，商务印书馆 1987 年版，第 139 页。

书济之，则任其难者，不过数十人，而受其益者，将千万人而未已。”[①]正是对译介的高度认可，高梦旦成为张元济的参谋长，两人通力合作积极推动编译所的建设。

张元济进入商务印书馆之后，即着手筹备编译所。凭着对时局的清醒判断，对商务的发展给予积极的建议。清政府废科举之后，在全国各处“广设学堂，需用教科书籍较前更甚，京师学务处及各官局所编辑教科书无多，其余各书业各家编辑教科书甚少，本馆更应设法扩充”。于是商务印书馆董事会根据张元济的建议编制教科书、扩充编译所的规模。张元济审时度势，清晰洞察出版发展的动向。1910 年，张元济赴欧洲各国进行考察。随着编译所的发展，人才的吸纳与管理就成为当时重要问题。“商务在当时成了各方面知识分子汇集的重心，编译所人员最多的时候有三百多位。早期留美回来的任鸿隽、竺可桢、朱经农、吴致觉诸先生，留日回来的郑贞文、周昌寿、李石岑、何公敢诸先生，都在商务的编译所工作过。……商务的气魄所以这样大，是跟编译所的奠基人张元济先生分不开的。”[②]张元济引进人才、积极纳贤的一个例证，就是聘请胡适来主持编译所。张元济在给商务印书馆总经理高凤池的信中说道：“吾辈均年逾始衰。即勉竭能力，亦为时几何，且时势变迁，吾辈脑筋陈腐，亦应归于淘汰。瞻望前途，亟宜为永久之根本计划。”[③]以张元济的声望与影响力，如此急流勇退的想法绝非谦虚之词，而是“瞻望前途”的前瞻眼光。为此，张元济想聘请胡适主持编译所事务，手书邀请信：“敝公司从事编译，学识浅陋，深恐贻误后生。素承不弃，极思借重长才。……辱蒙俯允暑假期内先行莅馆。闻讯之下，不胜欢忭，且深望暑假既满，仍能留此主持，俾同人等得常聆教益也。”[④]后来胡适对商务进行考察，最终没能赴任。可是胡适推荐了王云五，使得商务印书馆有了王云五这位开拓性干将。

在用人方面，张元济主张“喜新厌旧”。1919 年 10 月 8 日张元济致高凤池信说：“弟生平宗旨，以喜新厌旧为事。……弟敢言公司今日所以能(有)此成绩者，其一部分未始非鄙人喜新厌旧主义之所致。[⑤]”他认为：“五年前之人才未必宜于今日，则十年前之人才更不宜于今日。即今日最适用

---

① 高凤谦：《翻译泰西有用书籍议》，见郑振铎编：《中华传世文选晚清文选》，吉林人民出版社 1998 年版，第 581 页。

② 叶圣陶：《我和商务印书馆》，载《出版史料》1983 年第 2 辑。

③ 张元济：《张元济书札》，商务印书馆 1981 年版，第 188 页。

④ 张元济：《致胡适》，见《张元济全集第 2 卷书信》，商务印书馆 2007 年版，第 536 页。

⑤ 张元济：《致高凤池　翰卿》，见张元济：《张元济书札》，商务印书馆 1981 年版，第 192 页。

之人，五年、十年之后，亦必不能适用也。事实如此，无可违抗。此人物之所以有生死，而时代之所以有新旧也。[①]”这些用人主张鲜明地体现在《小说月报》的改革上。张元济邀请沈雁冰出面主持《小说月报》。于是1920年11月《小说月报》登出一条启事：“本刊明年更改体例，文学研究会诸先生允担任撰著，敬列诸先生之台名如下：周作人、瞿世英、叶绍钧、耿济之、蒋百里、郭梦良、许地山、郭绍虞、冰心女士、郑振铎、明心、庐隐女士、孙伏园、王统照、沈雁冰。”另外在商务印书馆的发展中，张元济还以自己的影响吸纳了一大批在各个领域有影响的知名人士为商务的股东。如1903年，著名翻译家严复和谢洪赉就成为股东。后来罗振玉、王国维、伍光建、林纾等人都加入商务的股东之列。这些名流的加入，对商务印书馆的稿源筹集、图书策划编辑、出版发行等都有积极的裨益。

二、“同乡同仁”的鼎力帮扶——茅盾、杜亚泉、陈叔通等浙江文人对商务馆的贡献

有研究者认为商务印书馆聚集的知识群体与张元济密不可分，换言之早期商务印书馆编译所部分主要人员的进用与集聚，均是以主事者为中心，通过一定的网络而成。早期商务印书馆编译所的不少重要人物，不是张元济主动招揽，就是由熟人向张氏引荐的。属于前者的包括主持第一部中文教科书的蒋维乔、英文部主任邝富灼、负责古文编辑工作的恽铁樵、经济部的陈慎侯等。后来成为近代著名文学家的沈雁冰，大学预科毕业后，经商务分馆经理孙伯恒推荐给张元济。著名出版人胡愈之亦出身于商务印书馆。当他刚离开学校不久，听到商务印书馆招聘练习生，就从家乡跑到上海，委托父亲友人将写好的文章转送张元济，张氏欣赏其才而加以取录。蔡元培和胡适曾先后是张元济心中担任编译所所长的最佳人选。两人最终虽未成功进馆，但始终与商务印书馆保持着密切的交往。蔡元培本已答允出任编译所所长，后因受《苏报》案牵连而未能应约，但一直关注商务印书馆的发展，并曾为商务印书馆推荐过不少人才；商务印书馆未能成功抓住胡适，却经由胡适的关系而觅得王云五，进而引进大批留美学生。而进入编译所的知识分子又不遗余力地向商务印书馆推介自己的同窗好友，例如：高梦旦引介了兄长高凤岐，以及复旦公学的同学钱经宇、俞颂华。蒋维乔引荐了昔日武阳公学的旧同事庄俞、庄适兄弟。物理化学部主管郑

① 张元济：《致高凤池　翰卿》，见张元济：《张元济书札》，商务印书馆1981年版，第190页。

贞文经老友陈慎侯介绍进馆，郑贞文则推荐了中华学艺社的社员杨端六。沈雁冰进入商务印书馆工作后，向高梦旦介绍与他一同发起成立文学研究会的好友郑振铎。[①]

经由这种人际网络聚集的知识群体，有很明显的地缘关系。张元济祖籍浙江海盐，商务印书馆就有不少浙籍人士，主要有1904年进馆的杜亚泉、1908年进馆的陆费逵、1911年进馆的钱智修、1912年进馆的章锡琛、1914年进馆的胡愈之、1915年进馆的陈叔通、1916年进馆的茅盾、1920年进馆的谢六逸、1924年入馆的何炳松等。因此，从这个意义来说，张元济的“仗群才”有很大一个支持群体就是浙籍知识分子。

张元济以宽容的气度主持编译馆，汇聚了当时各领域知名的知识分子。《商务印书馆大事记》记载：1920年至1922年间，陆续进馆浙江籍人士就有多人。如浙江慈溪人陈布雷、浙江余姚人杨贤江、浙江绍兴人周建人、浙江瑞安人周予同、浙江绍兴人竺可桢。周予同(1898—1981)，知名史学家、经学史家，曾任商务印书馆编译所编辑，《教育杂志》主编。周建人(1888—1984)是鲁迅胞弟，知名的生物学家，1921年至上海任上海商务印书馆编译所编辑，通过编写动植物教科书和生物学著作促进生物科学在中国的传播和发展，他翻译出版的世界名著《物种起源》曾引起社会巨大反响，他还在《东方杂志》《妇女杂志》《自然科学杂志》上发表文章。竺可桢(1890—1974)，浙江绍兴人，气象学家，地理学家。曾被聘任为商务印书馆编译所史地部主任，负责史地教科书的出版，积极致力于推进地理科学知识的普及。这些浙籍才俊中，茅盾、杜亚泉、陈叔通与商务印书馆的渊源颇深。茅盾与《小说月报》的改革、杜亚泉与《东方杂志》、陈叔通与商务的管理等都是浙籍学人致力于商务印书馆刊物发展的见证。

茅盾在商务印书馆的早期曾与孙毓修合作编写《童话》丛书、《中国寓言》等。对于这位合作者，茅盾满是赞誉，他称赞孙毓修是“中国童话的开山鼻祖”等。而茅盾在商务印书馆任职期间最为人瞩目的活动是对《小说月报》的改革。张元济一直关注《小说月报》的改革。早在1917年10月，张元济就曾和高梦旦商议过《小说月报》的改革事宜。“五四”新文化之后，新文学运动蓬勃开展，《小说月报》已有的编辑理念已然跟不上时代发展。1920年1月，张元济、高梦旦决定让已在商务显示多方面才干的茅盾主持《小说月报》的改革，首先进行的是《小说月报》中新辟的《小说新潮》专栏，即所谓的”半改革”。茅盾上任后，当即撰写了《小说新潮栏宣言》及《新旧

---

① 杨小辉：《近代中国知识阶层的转型》，上海社会科学院出版社2011年版，第169页。

文学评议之评议》两篇文章，倡导文学应当“表现人生并指导人生”。“半改革”后的《小说月报》，读者的反响十分强烈。不久，便由茅盾出任主编，全权负责《小说月报》的改革。其中的经过，茅盾回忆道：“后来我才知道，张菊生和高梦旦十一月初旬到过北京，就和郑振铎他们见过面，郑要求商务出版一个文学杂志，而由他们主编（如《学艺杂志》之例），张、高不愿出版新杂志，但表示可以改组《小说月报》，于是郑等就转而主张先成立一个文学会，然后再办刊物。张、高到上海后即选定我改组《小说月报》。”[①]改组后的《小说月报》，倡导“为人生的文学”，融合文学研究会的文学力量，发行量大增，“改组的《小说月报》第一期印了五千册，马上销完，各处分馆纷纷来电要求下期多发，于是第二期印了七千，到第一卷末期，已印一万册”[②]。《小说日报》成为新文学的重要平台，“这十一年中，全国的作家和翻译家，以及中国文学和外国文学的研究者，都把他们辛勤的果实投给《小说月报》。可以说，五四以来的老一代著名作家，都与《小说月报》有过密切的关系”[③]。

“甲辰秋，应旧友张菊生、夏粹芳二君之招，复赴沪。其时普通学书室营业疲顿，而商务印书馆正在发展，罗致编译人才，君被邀为编译所理化部主任，实为此后在馆中服务二十八年之纪元。此后君所致力研究者，为政治，为法律，为哲学，为音韵，为西文，为医药。丙午秋，偕叔海生东游日本，考察教育，购东籍数十种以归。”这是蔡元培在《杜亚泉君传》中对杜亚泉在商务印书馆经历的概括。蔡元培对杜亚泉的治学也十分推崇：“君身颀面瘦，脑力特锐，所攻之学，无坚不破；所发之论，无奥不宣。有时独行，举步甚缓，或谛视一景，伫立移时，望而知其无时无处无思索也。”[④]

杜亚泉（1873—1933），浙江山阴（上虞）人。近代杰出的科普教育家、翻译家。胡愈之赞誉杜亚泉为“中国科学界的先驱”，认为他“在政治学，社会学，语言学，哲学方面，先生亦致力于科学思想的灌输。在中国科学发达史中，先生应该有一个重要的地位。……从思想方面说，先生实不失为中国启业时期的一个典型学者”[⑤]。杜亚泉早年就立志以传播科学知识为己

---

① 茅盾：《商务印书馆编译所和革新〈小说月报〉的前后》，见蔡元培等著：《商务印书馆九十年我和商务印书馆 1987—1992》，商务印书馆 1992 年版，第 190 页。

② 茅盾：《我走过的道路》上册，人民文学出版社 1981 年版，第 168 页。

③ 茅盾：《重印〈小说月报序〉》，见丁尔纲编：《茅盾序跋集》，生活·读书·新知三联书店 1994 年版，第 501 页。

④ 蔡元培：《杜亚泉君传》，见宋原放主编：《中国出版史料　近代部分第 3 卷》，湖北教育出版社、山东教育出版社 2004 年版，第 462 页。

⑤ 胡愈之：《追悼杜亚泉先生》，载《东方杂志》1934 年第 1 号。

任，曾创办中国近代首家私立科技大学——亚泉学馆，培养科技人才。其创办的《亚泉杂志》半月刊是中国最早的科学刊物，该刊大力介绍西方科学成果和自然科学思想，居里夫人发现镭的事迹就是首先由杜亚泉介绍到中国来的。1901 年，其编写的《文学初阶》是中国近代第一部国文教科书。蔡元培说他是"以科学方法研究哲理，周详审慎，力避偏宕"。1904 年，杜亚泉进入商务印书馆编译所，任理化部主任，致力于编译出版理化、博物、哲学、政治、法律、经济和医学方面的书籍。他编辑出版了中国第一部《植物学大辞典》和第一部《动物学大辞典》，继而又编写出版了《盖式对数表》《生理学》《动物学》《矿物学》等 10 多部科学著作。据后来担任商务印书馆总编的王云五称，杜亚泉"编著关于自然科学的书百数十种"，其中有相当数量是教科书。商务印书馆"初期所出理科教科书及科学书籍，大半出于先生手笔"。1912 年，杜亚泉兼任《东方杂志》的主编。主编《东方杂志》期间，杜亚泉曾用"伧父"和"高劳"笔名，大量翻译了西方科学著作，撰写论文、杂感和译著约 300 篇。

《东方杂志》是商务印书馆的重要杂志，被誉为"杂志中的杂志"。方汉奇曾对其历史地位及其影响概括如下：

> 她是中国历史上出版时间最长，发行量一度排在首位的一份综合性学术期刊。她是旧中国学术品位较高，学术质量较高，读者的文化层次也较高的一份综合性学术期刊。她是旧中国纸张质量最好，印刷质量最好，较早刊出铜版照片，图文并茂的一份综合性学术期刊。她汇集和保存了 20 世纪前半叶的大量的文化信息和文化思想材料。是"杂志的杂志"，是反映她所在的那一时代政治、经济、文化等各方面情况的"百科全书"。她是东方文化的弘扬者。是她所在的那一时代的人文和自然科学研究工作者发表研究成果的重要园地。她为她所在的那一时代的学术文化事业的繁荣，作出过巨大的贡献。她是中国历史上期刊杂志中的"著名品牌"。是她所在的那一时代的"杂志界的重镇"。[①]

《东方杂志》的发展与浙籍学人杜亚泉密不可分。杜亚泉被认为是《东方杂志》的"保姆"。胡愈之曾这样评价《东方杂志》和杜亚泉的关系："东方

---

① 方汉奇：《〈东方杂志〉的特色及其历史地位》，载《东方杂志》2000 年 11 期。

杂志是在先生的怀抱中抚育长大的”，是杜亚泉生平“著述事业最大的成就”[①]。1910 年之后，杜亚泉开始对《东方杂志》进行改革，“并从东西文杂志报章，撷取材料。凡世界最新政治经济社会变象，学术思想潮流，无不在东方译述”，特别是对于国际时事和两次巴尔干战争及一九一四年的世界大战，“都有最确实迅速的评述，为当时任何定期刊物所不及”。[②]

另一位浙江才俊钱智修也曾任《东方杂志》主编。钱智修（1883—1948），字经宇，浙江嵊县人。1911 年从复旦公学毕业后，被高梦旦延聘到商务印书馆编辑所，直到 1932 年离开。在二十年多的商务生涯中，钱智修长期兼任商务函授学校国文部主任，同时参与《东方杂志》的编辑，1920 年 8 月正式就任《东方杂志》主编。俞颂华在《悲忆钱经宇（智修）先生》一文中称赞钱智修“是一个文化工作的健将”，“是《东方杂志》功臣之一”，“在他主编该杂志时，该志内容日新月异，销数日扩，后来增加图片及画报，更由月刊改为半月刊，使该杂志社业务一天天发达”。[③] 具体来说，自 1920 年 8 月第 17 卷第 16 号起，直到 1932 年第 29 卷第 3 号止，钱智修主持《东方杂志》前后达 22 年之久，共编辑了 276 期，在总数 800 多期的《东方杂志》中有三分之一是由钱智修主编的。钱智修在《本志的二十周年纪念》中就很自豪地说：本志在文艺方面，也曾有相当的贡献。如前几年的林译小说和石遗室诗话，都是在旧文学界早有定评的。而王静安先生的宋元戏曲史，尤为我国文学史上不朽的杰作。至第十七卷以后，本志更努力于新文艺的输入；国内创作家，亦常常以新作品见饷。计自十七卷至二十卷的四年间，本志所曾经刊载的短篇小说和独幕剧，已经可编成十二册的单行本，可谓“以附庸而蔚为大国了”。[④]

陈叔通（1976—1966），名敬第，浙江杭州人。清光绪癸卯年（1903）进士，入翰林院任编修。早年曾留学日本，参加过维新运动。辛亥革命后，当选为第一届国会众议院议员，曾任《北京日报》经理。1915 年，受好友张元济邀请，加入商务印书馆。商务印书馆设立总务处，协调编译所、印刷所和发行所的“一处三所”建议就出自陈叔通。

到了商务，每天只是看看各分馆的信札，有头无尾，使我觉得

① 胡愈之：《追悼杜亚泉先生》，《东方杂志》1934 年第 1 号。
② 胡愈之：《追悼杜亚泉先生》，《东方杂志》1934 年第 1 号。
③ 俞颂华：《悲忆钱经宇（智修）先生》，《东方杂志》1947 年第 8 号。
④ 坚瓠：《本志的二十周年纪念》，《东方杂志》1935 年第 1 号。

无事可办。有一天我便与张谈，想回杭州扫墓。张看出我的意见，要我说出应办什么。我就提出商务有三个所（编译所、发行所、印刷所），各搞各的互不相关，如何搞下去，计划从那里来，你（指张）在编译所下班后再到发行所。辛苦忙碌之极，没有一个制度怎么办得下去，以我看来应建立一个统一机构，把三所联系起来。这个机构的名称，我最初提出叫总管理处，后来正式定名叫总务处。张同意了我的意见，我就说有了事可办，那么扫墓就可以后再说。这就是总务处这个组织的发起和来源。但是要建立机构还不是很简单的，我和张谈完后，张就把高翰卿、鲍咸昌、高梦旦约齐了五个人一块儿谈。我就自荐抓总务处工作。大家同意，工作由我来承担。讲明三所所长定期叙谈。最重要的是每年订计划，所与所发生关系开会解决，讨论什么事，除五人之外，再通知其他有关的人员出席。对这个倡议，初时印刷、发行二所并不感到有此必要。讨论结果总算大家同意，我拉了盛同孙参加并在棋盘街三楼开始筹划，正式成立总务处。从此商务才有一个统一的机构来联系三所的事，开会时三所所长皆出席，意见一致便通过执行。意见倘若不一致，便将意见写下来或在会外商量，或在下一次开会时商量。在这个基础上逐渐订出许多规则来。①

陈翰笙认为商务印书馆在中国近代出版史上的重要地位，归功于以下三点：一是有一批热心于出版事业的人，从创办人夏瑞芳到具体主持业务的张元济、王云五等人，多数有学问，事业心强，眼光看得远，又能脚踏实地地办事，所以能推动出版事业不断发展。二是能适应时代要求，接受新思想，有革新创造精神。三是重视人才，一方面同社会上专家、学者保持联络，约请他们写书，翻译，支持出版业，一方面注意搜罗人才，不断充实加强编辑力量，像茅盾、胡愈之、叶圣陶等都在商务印书馆当过编辑。② 张元济，这位翰林出版家，经营商务印书馆半个多世纪，以“扶助教育为己任”，成为“大变动时代的建设者”的出版巨擘。

---

① 陈叔通：《回忆商务印书馆》，见蔡元培等：《商务印书馆九十年 我和商务印书馆 1897—1987》，商务印书馆 1987 年版，第 136—137 页。

② 陈翰笙：《商务印书馆与我同龄》，见蔡元培等：《商务印书馆九十年 我和商务印书馆 1897—1987》，商务印书馆 1987 年版，第 367—368 页。

第四章　陆费逵与中华书局

“假使要写一部关于中国出版事业的沿革和变迁的书，最好应该让张菊生、陆费伯鸿、王云五几位先生来写，才有相当的理由。”[①]这是出版家张静庐在《在出版界二十年》中陈述他写自传的动机中的一段话，也足以窥见张元济、陆费逵等人在出版同仁中的地位。陆费逵是中华书局的创始人，亦是缔造中华书局现代出版辉煌的核心人物。

第一节　桐乡才俊陆费逵——中华书局的创办与发展

陆费逵(1886—1941)，复姓陆费，字伯鸿，号少沧，浙江桐乡人。中华书局创始人，著名的出版家、教育家。“三十年间，中华书局出版新旧书籍近二万种，皆先生主持之力。其一生事业，固全在书业。”这是陆费逵的搭档舒新城对他的评价。陆费逵致力于中华书局的发展近30年，以其智慧经营，使中华书局成为继商务印书馆之后经营历史最久、规模最大、出版书刊最多，影响深远的出版机构。

一、陆费逵与中华书局的创立

陆费逵生于陕西汉中，幼时由母亲吴氏幼堂教读，后来又承父教一年，师教一年半。到13岁时，已读过《四书》《诗经》《易经》《左传》《唐诗三百首》等书籍。14岁开始自修，自订课程，每日读古文看新书，去“阅书报社”阅读新书刊。“初时尚有阅者二三十人，后来常常只剩我一人，管理员也熟了，便将钥匙交给我，五大间的藏书好像是我的了。这二年中，把当时新出的书籍杂志，差不多完全看过；旧书也看了许多。……那时订阅中外日报，

① 张静庐：《在出版界二十年》，江苏教育出版社2005年版，第2页。

有时看《申报》《沪报》，报上遇着地名，便去查地图，所以我对于地理一科格外有兴趣。照这样做了三年，学问渐渐进步，文理渐渐通顺，常识渐渐丰富。十七岁——实在未满十六岁——便教书。"①1904 年，陆费逵与朋友集资 1500 元，在武昌开办了新学界书店，任经理，销售《警世钟》《猛回头》《革命军》等革命书籍。他还写过《岳武穆传》（未刊），编撰了《正则东语教科书》和小说《恨海花》。陆费逵还担任过汉口《楚报》的记者、主笔，为《申报》《南方报》等报刊写过评论。

1906 年，陆费逵加入文明书局。他积极发起成立"上海书业商会"，任评议员兼书记，起草章程，主编《图书月报》（1906 年创刊），这是我国民间出版界的第一份期刊。此外，他还担任商会"学徒补习所"教务长，编纂《本国地理教科书》等。陆费逵对就职于文明书局的经历回忆道："文明书局职务无名目，但编辑、印刷、发行件件都管，仿佛现在通行的襄理。每日工作常至十余小时，增加经验不少。——兼文明小学校长。"②

1908 年，陆费逵加入商务印书馆。蒋维乔有撰文："约在民元前三年间，高梦旦常代表商务，出席于书业商会，屡与文明书局代表陆费伯鸿见面，谈论之下，大奇其才。盖经营书业者，有发行印刷编辑三大部分，互相联系，然能发行者未必知印刷，能印刷者未必知发行，能编辑者更不知发行与印刷。唯陆氏既能操笔编书，又于发行印刷，头头是道，故梦旦佩服之。归言于菊生，以为如此人才，文明（书局）竟不能识，屈居普通职员，商务应罗致之。于是以重金聘为出版部主任。"③加入商务印书馆的陆费逵，开始担任编译员的工作，半年之后任出版部长兼交通部长、《教育杂志》主任、《师范讲义》主任。《教育杂志》是商务印书馆创办的近现代中国重要的教育刊物，以研究教育、改良学务为宗旨，广泛介绍国外教育思潮和教育制度，关切国内教育问题和改革。陆费逵的出版才能在主编《教育杂志》期间就有很好表现。"《教育》（杂志）原由陆费伯鸿创办主编，以讨论教育学术为名，实际的目的把它作为推广教科书的工具，通过杂志与各学校取得联系。杂志上附印一张学校调查表，各学校把表上所载学校名称、校长教职员姓名、全校班次、学生人数和所用教科书等项填明寄去，可赠送杂志一

---

① 陆费逵：《我的青年时代》，载《新中华》，第 2 卷第 6 期，1934 年第 6 期。

② 陆费逵：《我的青年时代》，载《新中华》，第 2 卷第 6 期，1934 年第 6 期。

③ 蒋维乔：《创办初期之商务印书馆与中华书局》，见张静庐辑注：《中国近现代出版史料　现代丁编　上》，上海书店出版社 2003 年版，第 397 页。

年。”[①]在编务之外，陆费逵对教育问题思索良多，先后刊发了《缩短在学年限》《改用阳历》《普通教育当采用俗体字》《小学堂章程改正私议》《减少授课时间》《三种初等小学与高等小学衔接办法》《论简易字宜先定位义务教育》《民国普通学制议》《新学制之要求》等文章。这些文章切中时弊，倡导教育改革，宣传教育救国思想。这些教育改革思想和他日后创设中华书局的出版追求密不可分。

1911年秋，陆费逵、陈寅、戴克敦等人开始积极筹集资金，谋划成立中华书局。1912年1月1日，在“中华民国”诞生当天，中华书局在上海宣告成立。开始时由上述3人合资，股本为25000元。1912年2月20日召开第一次股东大会。戴克敦任编辑长，陈寅任事务长。同年10月，改为五人合资，加入了沈颐、沈继方，合资人大多为原来商务印书馆的同事。这五人也即后来所说的中华书局的创办人。

根据《中华书局三年计略》等资料记载，中华书局的开始营业要推迟到1912年2月份。2月陆费逵执笔的《中华书局宣言书》在《中华教育界》发表：

> 立国根本，在乎教育。教育根本，实在教科书。教育不革命，国基终无由巩固。教科书不革命，教育目的终不能达也。往者异族当国，政体专制，束缚抑压不遗余力，教科图书钤制弥甚。自由真理，共和大义，莫由灌输。即国家界说亦不得明。最近史事亦忌直书。哀我未来之国民，究有何辜，而受此精神上之惨虐也。
>
> 同人默察时局，眷怀宗国，隐痛在心，莫敢轻发。幸逢武汉起义，各省响应。知人心思汉，吾道不孤。民国成立即在目前，非有适宜之教科书，则革命最后之胜利仍不可得。爰集同志，从事编辑。半载以来，稍有成就。小学用书业已蒇事。中学、师范正在进行。从此民约之说，弥漫昌明；自由之花，矞皇灿烂。俾禹域进于文明，华族获葆其幸福，是则同人所馨香祷祝者也。
>
> 兹将本局宗旨四大纲列左：一，养成中华共和国国民；二，并采人道主义、政治主义、军国民主义；三，注重实际教育；四，融和国粹欧化。[②]

---

① 蔡元培等：《商务印书馆九十年 我和商务印书馆1897—1987》，商务印书馆1987年版，第114页。

② 《中华书局宣言书》，载《中华教育界》1912年第1号。

《中华书局宣言书》中所罗列的宗旨，同样是陆费逵和中华书局践行“教科书革命”的原则。《宣言书》中还罗列了中华初等小学修身教科书、中华初等小学国文教科书、中华初等小学算术教科书等多套教科书的编辑大意。这些教科书的编辑大多契合“中华民国”新国民的需求，如初等小学修身教科书的编辑就以养成“中华民国”完全国民为宗旨，以独立、自尊、自由、平等为经，以公德、私德、国民科为纬。据记载，在中华书局营业之初，第一日仅售洋五元，第二日售百余元，第三日开始批发，增至五六百元。令中华书局的经营发生转机和大发展的正是教科书的发行。

二、陆费逵和中华书局的发展

自 1912 年创设以来，在陆费逵的经营之下，中华书局跃居可与商务印书馆并驾齐驱的第二大出版机构。对于草创时中华书局的发展，陆费逵有回忆：“中华书局草创之时，以少数资本，少数人力，冒昧经营，初未计及将来如何。开业之后，各省函电纷驰，门前顾客坐索，供不应求，左支右绌，应付之难，机会之失，殆非言语所能形容。营业之基础立于是；然大势所迫，不能以小规模自画矣。于是改公司，添资本，广设分局，自办印刷。二年，范君静生擅长编辑，努力改良，充实内容，新制、新式教科书之优良，八大杂志之风行，《中华大字典》之为空前良著，洵可谓盛极一时矣。”[①]中华书局上下都尊称陆费逵为伯鸿先生，这与其对中华书局的贡献密不可分。

陆费逵的经营智慧从下面的中华书局历年来的营业额和利润一览表中可见一斑[②]。

中华书局历年营业额和利润一览表

年份	营业额(单位:万元)				利润（单位:万元）
	总公司	分支局	印刷厂	合计	
1912				22	4.4
1913.1—1913.6				35	9
1913.7—1914.6				70	13
1914.7—1915.12				165	25.8

① 陆费逵：《中华书局二十年之回顾》，载《中华书局图书月刊》1931 年第 1 期。

② 俞筱尧、刘彦捷编：《陆费逵与中华书局》，中华书局 2002 年版，第 229—230 页。

续　表

年份	营业额(单位:万元)				利润(单位:万元)
	总公司	分支局	印刷厂	合计	
1916				110	22
1917	63				
1918.7—1919.6				82	2
1919.7—1920.6				110	22
1920.7—1921.6				148	16
1921.7—1922.6	40	97	36	173	17.6
1922.7—1923.6	43	100	40	183	19
1923.7—1924.6	57	97	53	207	20
1924.7—1925.6	52	84	62	198	17
1925.7—1926.6	57	91	82	230	17.6
1926.7—1927.6	71	98	93	262	10
1927.7—1928.6	71	77	75	223	8.3
1928.7—1929.6	92	101	89	282	18
1929.7—1930.6	109	138	87	334	19.6
1930.7—1931.6	113	169	115	397	22.3
1931.7—1932.6	96	164	107	367	18.3
1932.7—1933.6	110	168	117	395	17.6
1933.7—1934.6	118	167	126	411	18
1934.7—1935.6	147	189	135	471	20.3
1935.7—1936.6					
1936.7—1936.12				523	15

从1912年到抗日战争爆发的20多年间，除了在1917年“民六危机”中经历波折与困顿之外，中华书局始终保持着稳健的良好发展势头。中华书局成立的第二年，就已在北京、天津、奉天、南昌、汉口、广州、杭州、南京、温州等地设立了九个分局或经理处。1913年，陆费逵在调查了全国图书的销售情况后说道：“各省销数，大概有分局者较佳，以供给足而呼应灵也。”为此中华书局十分重视分局的设立，在这一年，中华书局在各省的分局增至

了17处。1914年,自设合办即特约经理分局增至27处。此后陆续创刊杂志有《中华小说界》《中华实业界》《中华童子界》《中华儿童画报》《大中华》《中华妇女界》《中华学生界》等。到了1916年,中华书局的分店已增至40处,还在静安寺路192号,建成了新的总厂新屋,又在四马路棋盘街转角建成总店新厦,在总厂、总店新屋建成的同时,中华书局又进一步扩充印刷力量,添置彩印、石印设备二十余部。只是这种大规模的发展态势在1917年"民国"六年出现了经济危机,即"民六危机"。后来陆费逵在《我为什么献身书业》中对此有回忆:"民国六年的风潮闹得几乎不了,原因很复杂,就我本身想起来,有三种缺点:第一,经济缺乏,没有应变的财力;第二,没有预防的眼光和处变的办法;第三,能力不足,没有指挥全局的手腕。"①

经历"民六危机"的困顿之后,陆费逵辞去局长职务,以司理名义处理事务。但是设立分局的思路依然得以延续。1927年,陆费逵又在香港、东南亚等地区筹建分局,销售范围覆盖到南洋一带。到1937年中华书局分局的数量达40多处,销售网络遍布全国各地区。1919年,中华书局由局长负责制改为总经理负责制,陆费逵被董事会聘为总经理,陆费逵在中华书局工作兢兢业业,一直到1941年过世。"先生以中寿之年,而从事书业达37年、任中华书局总经理达30年,在同行业中也是罕见的。"②

第二节　教育立国抱负与主营教科书的出版旨趣

陆费逵对教育研究积累颇深,舒新城曾评价说:"先生素性好学深思,于学无所不窥,而于教育研究尤精深。"③陆费逵的教育主张与洞见在出版方面集中体现在中华书局的教科书出版。他曾与舒新城谈论中国教科书发展历史时坦言:教科书过去的历史,就像一篇账目完全在他的记忆里,而且十之七八都是他亲身经历的。④ 陆费逵与教科书的情缘,与其对中华书局的创办、发展经营紧密联系。中华书局一成立,"首先发行'中华教科

① 陆费逵:《我为什么献身书业》,载《中华书局月报》1922年第2期。

② 沈毅身:《缅怀文化出版事业的先驱者陆费伯鸿先生》,见俞筱尧、刘彦捷编:《陆费逵与中华书局》,中华书局2002年版,第65页。

③ 舒新城:《陆费伯鸿先生生平述略》,见郑子展《陆费伯鸿先生年谱》(内部资料),中华书局出版社1946年版,第16页。

④ 陆费逵:《与舒新城论中国教科书史书》,载《近代中国教育史料》第二册,中华书局1928年版,见《陆费逵文选》,中华书局2011年版,第353页。

书’，我国教科书因有竞争之故，乃大进步”[①]。“中华教科书”的发行不仅使得刚成立的中华书局站稳了脚跟，而且教科书成为中华书局支柱性的出版物。

一、陆费逵的教育主张和教科书的重要性

陆费逵对中华书局的筹办，着眼点在于教科书。在武昌起义之后，“于九月十六日与同志辈共议组织中华书局。良以政体改革，旧日教科书胥不适用。战争扰攘之际，未遑文事，势所必然。若以光复而令子弟失教，殊非民国前途之福也。协商数日，遂定议。一面编辑稿本，一面经营印刷发行事宜。其时，困苦万端，余等皆出以坚忍；汉阳失守，群起沮之，余等不为所动也”[②]。对革命成功的坚定信念，支撑着陆费逵等人紧锣密鼓地秘密编辑合乎共和国体制的教科书。对此蒋维乔曾说：“暗中预备全套适用之教科书，秘密组织书局。至民国元年，中华书局突然成立，中华民国之各种教科书，同时出版，……伯鸿亦脱离商务，一跃而为中华书局总经理。”[③]姑且不论陆费逵脱离商务印书馆，创立中华书局和教科书的编撰是否有“迷惑”商务的嫌疑。但就陆费逵创设中华书局的眼光来说还是很前瞻的。早在主编《图书月报》时，陆费逵就写有《中国书业预算表》一文，对当时国内没有一家完全由中国人自办的规模书业表示愤慨：“今日上海书业不下百家，贸迁之盛固甲全国矣，然细审此百家中，其资本出诸外人者若干家；其资本虽非出之外人，而物品纸张模字来自外洋者若干家；其资本微末者，且重贩于此若干家之手，更无论矣。以堂堂大中国，竟无一完全自主之书籍商，呜呼，何其怪也，何其怪也！”[④]中华书局的创立，可谓陆费逵经营独立自主书店的宏愿的落实。

陆费逵对教育有着深入研究和独到的见解，且他的教育主张与立国抱负密切结合。在《论今日学堂之通弊》中，他指出：“教育得道，则其国强盛；教育不得道，则其国衰弱而灭亡，此一定之理也。教育得道，则民智开、民

---

① 钱炳寰编：《中华书局大事纪要私营时期 1912—1954》，中华书局 2002 年版，第 9 页。

② 陈寅：《中华书局一年之回顾》，载《中华教育界》1913 年第 1 期，见宋原放主编《中国出版史料近代部分第三卷》，湖北教育出版社、山东教育出版社 2004 年版，第 161 页。

③ 蒋维乔：《创办初期之商务印书馆与中华书局》，见张静庐辑：《中国现代出版史料　现代丁编　上》，上海书店出版社 2003 年版，第 397 页。

④ 转引自钱炳寰编：《中华书局大事纪要私营时期 1912—1954》，中华书局 2002 年版，第 5 页。

德进、民体强，而国隆盛矣。教育不得道，则民智塞、民德退、民体弱，而国势衰亡矣。然则欲救危亡而期强盛无他，亦求教育之得道而已。”[①]他认为今日教育之无成效，是由于学堂办理之不善，而学堂办理之不善，有设备不合者，有管理不合者，有教授不合者。陆费逵对晚清以来教育的利弊有着清醒的体认。

学制方面的改革，陆费逵针对晚清《癸卯学制》中学制，即修学年限过长的问题进行批评：“学所以致用也，而致用之期必在壮年。过幼则稚，过老则衰。”他主张仿行欧美，缩短在学年限，减少课时，“改为初等小学三年，高等小学五年，中学五年，大学预科一年，本科三年或四年”，“如是七岁入学，二十一二岁可卒业于大学，出可任事”。[②] 针对清末学制的弊端，以及民国以来如何更好形成符合共和体制的学制，陆费逵在《教育杂志》上发表《民国普通学制议》和《民国教育方针当采实利主义》等文章，主张采用实利主义教育方针，并由此来制订学制，编写教材。他认为：“民国将来需何种国民乎？由上述学制而实行之，可养成如何之国民乎？此固今日亟须解决而阅者所亟欲知者也。民国行共和政体，须养成共和国民。今日为二十世纪竞争激烈之世，非军国民经济国民不足以立国。而文明日启，工业发达，非有科学又不足以促国家之进化也。今兹所订课程即本于此诸主义，务养成独立、自尊、自由、平等、勤俭、武勇、绵密、活泼之国民，以发达我国势，而执二十世纪之牛耳。”[③]

在改善教育困境的诸多措施中，教科书是重要的一环。在陆费逵看来，教科书有着极其重要的价值和意义：“教科书之于教育，犹锄犁之于耕。无炮械不可言战，无教科书不可言教育，此人人之所知也。我国教育之不振，由于教科书之未完善，又人人之所知也。”[④]中华书局的创立、成长和兴盛不同阶段始终注重教科书出版。

1912 年“中华民国”成立之后，陆费逵发表了《敬告民国教育总长》一文，向当时的教育总长蔡元培指出：“吾国教育方针，当采何种，固非一时所能决定，然养成共和国民，固无疑义。应由教育总长择定方针，从速颁布。而后教员可据以施其训练陶冶，教科书可据以定其编辑宗旨。否则议论纷

---

① 陆费逵：《论今日学堂之通弊》，载《教育杂志》1910 年第 1 期。

② 吕达：《陆费逵教育论著选》，人民教育出版社 2000 年版，第 24 页。

③ 陆费逵：《民国普通学制议》，载《教育杂志》1912 年第 10 期。

④ 陆费逵：《论国定教科书》，见吕达《陆费逵教育论著选》，人民教育出版社 2000 年版，第 18 页。

纭，莫衷一是，教育效果，终不可期也。”①为此，他建议民国教育应“速订简章，通行各省，以便春初开学之用”，而教科书方面则“听各省自由采用，唯以不背教育方针为限”。陆费逵的主张得到了当时教育总长蔡元培的高度赞许，其中从速宣布教育方针、颁布普通学校简章、组织高等教育会议、规定行政权限等建议为教育部采纳，这集中体现为“中华民国”成立后第一个教育文件，即由蔡元培委托陆费逵、蒋维乔等人为教育部起草拟订的《普通教育暂行办法》14 条及《普通教育暂行课程标准》11 条。陆费逵这样记述这段往事：“我与蒋竹庄先生商定一稿，即元年一月所颁之暂行办法，及四条通电，其内容大体根据我三年中所研究的结果，如缩短在学年限（中小学改为共十二年），减少授课时间，小学男女共学，废止读经等，均藉蔡先生采纳而得实行，其愉快为何如也。”②

《普通教育暂行办法》14 条规定：“凡各种教科书，务合乎共和民国宗旨。清学部颁行之教科书，一律禁用。”民国政府成立之初，商务印书馆等各教科书出版机构已推出的用于当年春季开学的诸种教科书内容不合共和政体，学校面临教科书荒的局面，教育部长蔡元培提出修改前清学部教科书来应急，供应全国学堂使用，这种主张遭到了陆费逵质疑，他认为：“前清学部教科书，内容不合共和政体处，较民间出版者尤多，改不胜改。且编法太旧，文字太深，即改亦不合用。不如通令各学校仍用民间已出之教科书，其与共和政体不合者，列表删改可也。”陆费逵的远虑在“教科书大鳄”商务印书馆的践行中得到了体现。1912 年 4 月，商务曾宣布：“本馆即将旧有各书遵照教育部通令大加改订，凡与清朝有关系者，悉数删除，并于封面上特加订正为“中华民国”字样，先行出版，以应今年各校开学之用。”商务的狼狈应付，正是当时各大小书局仓皇处境的写照，而推出了新教科书的中华，却在此时占尽了先机。

陆费逵不赞成删改教科书的匆忙之举，力主“教科书革命”，也就是要另起炉灶，完全新编教科书。1912 年，新成立的中华书局推出了完全迎合共和政体和政令的《中华教科书》。这些教科书的编制正是建立在对前清教科书的批评基础上。教科书发行使得中华书局站稳了脚跟，而这与陆费逵对教科书商机的把握密不可分。关于教科书的巨大商机，陆费逵曾说：“学部编纂之教科书，将次出版矣。今虽未知其详细，然其将来销数必有可

① 陆费逵：《敬告民国教育总长》，载《教育杂志》1912 年第 10 期。

② 陆费逵：《我青年时代的自修》，见吕达主编：《陆费逵教育论著选》，人民教育出版社 2000 年版，第 392 页。

观也。闻学部亦照日本国定教科书办法，许民间翻刻，吾同业诸君，其速谋之。或共同组织一贩卖所，或有资本者独力翻刻，利源所在，主权所在，勿逡巡却顾，坐失权利也。”①

教科书可以说是“教科书革命”的落实，“中华共和国国民”养成的重要路径。陆费逵对此有着清晰的认识：教科书以养成“中华共和国”“完全国民”（初小）或“高等国民”（高小）为宗旨，做到以“独立、自尊、自由、平等”为“经”，而“纬”则视学科而各自有别。如修身教科书，则以“公德、私德、国民科为纬”；初小国文则以“生活上必须之知识为纬”，高小国文则以“实业思想、军事思想为纬”。对于各学科教科书的教育目的，陆费逵也认为应该各有侧重。历史教科书之目的“在令儿童知吾国历代之兴亡，文化之进退，国势之盛衰，君权民权之消长”；地理教科书之目的“在令儿童知本国及世界大势，并自然地理之大要”；高小英文教科书，“在令儿童熟练应用英语，并略知英美之人情风俗，以为社交及谋生之助”；至于算术、理科教科书，则更加注重实用，符合民国建设需要。② 陆费逵这种拥护革命、民主主义的精神，在他编撰的教科书中也有鲜明的体现。如他主持编撰的《中华初等小学国文教科书》和《中华高等小学国文教科书》中就有鲜明革命色彩的内容：“我国旗，分五色，红黄蓝白黑。我等爱中华。”“民国成立，选举临时大总统，孙文以大多数当选，元年元旦，即任于南京，组织临时政府。”以及“孙文天资卓越，性情敦厚”“为共和奔走二十余年”“为中国第一伟人”等。

二、中华书局的教科书出版

1912 年《中华教科书》的出版，为新创立的中华书局赢得了商机。当时教科书一经推出，风行全国，几乎独占教科书市场。因此，教科书出版成为中华书局的特色和主要盈利品种。陈伯吹在《我和中华书局》中谈及当时全国小学采用的教科书实际状况而言，“非商务出版的，即为中华出版的，而后者虽系后起，却是后起之秀”③。

在《中华教科书》之后，中华书局先后推出的教科书主要有：1913 年开始出版的“新制教科书”，1914 年开始出版的“师范讲习所教科书”，1915 年

---

① 陆费逵：《同业注意》，载吕达主编《陆费逵教育论著选》，人民教育出版社 2000 年版。

② 陆费逵：《中华书局宣言书》，载《中华教育界》1912 年第 1 号。

③ 陈伯吹：《我和中华书局》，见中华书局编辑部：《回忆中华书局》上编，中华书局 1987 年版，第 111 页。

出版的“实用小学讲义”“中华女子教科书”，1920 年出版的“新教材教科书”“新教育教科书”，1925 年开始出版的“中等农业教科书”“新师范教科书”，1933 年 5 月出版的新课程标准适用小学教科书，1936 年开始出版的修正课程标准适用教科书等。

1916 年开始出版“新式教科书”。这套教科书是用文言文编写的最后一种教科书，国文课本每册后附有国语文四课，为文言改国语的先导，被誉为文体教科书的巨擘。[①] 1923 年，中华书局推出了“新小学教科书”。当时学制改革，国民学校分为初级小学，学制四年，高级小学由三年改为两年。为此该教科书的编制采用初级小学、高级小学用书两套。初小用书分社会课本、国语读本、国文读本、算术课本、国文文学读本、常识课本 6 种各 8 册，共计 48 册。高小用书含公民课本、国语读本、理科课本、珠算课本等 10 种，各种教科书册数不一，共 40 册。“新小学教科书”直到 1925 年才得以出齐。“这套书用力较多，特别是国语方面，由黎锦熙计划，黎锦晖、陆费逵编辑，分选参订者，有各省学校校长、教员，上海国语专修学校及万竹小学，以及本局编辑所同人，多至百余人。”[②]蒋镜芙、黎锦晖、陆费逵、顾楠、俞复、李步青、吕伯攸、朱文叔、易作霖、徐增、柴辅文、钟衡臧等参与编订，足可见其编辑队伍阵容的庞大。1927 年，中华书局曾对这套教科书进行了修订。

“新中学教科书”也于 1923 年出版。该教科书分为初级中学用书、高级中学共两套。初级中学用书含公民课本、算术、国语读本、古文读本、世界史、国文历史、本国历史、本国地理、植物学、生物学、矿物学、英语法、英语读本、混合英语、图画课本等十几种。各种教科书册数不一，有 1 册者，也有 2 册、3 册或 4 册的。主要编辑人员有：舒新城、陆费逵、黎锦熙、张相、金兆梓、沈彬、沈星一、陆费执、宋崇义、钟衡臧、张念恃、何元等。

对于中华书局出版的教科书，陆费逵曾自豪地说：“全国所用之教科书，商务供给什六，中华供给什三。”[③]中华版教科书的市场占有得益于陆费逵的经营策略。陆费逵十分重视出版物的广告宣传效应。中华版的教科书出版在《申报》刊登广告。同时中华书局自办的出版物，如杂志、教科书以及其他读物，均是局内教科书广告的天然媒介。陆费逵曾就中华书局杂志刊登别家图书广告的问题致信舒新城：“顷见《小朋友》周刊大介绍其他

---

① 陆费逵：《与舒新城论中国教科书史书》，见俞筱亮、刘彦捷编：《陆费逵与中华书局》，中华书局 2002 年版，第 428 页。

② 钱炳寰：《中华书局史事丛钞》，见俞筱亮、刘彦捷编：《陆费逵与中华书局》，中华书局 2002 年版，第 284 页。

③ 陆费逵：《六十年来中国之出版业与印刷业》，载《申报月刊》1932 年第 1 期。

家之书，太不成话。本局刊行杂志为宣传本版之书。以后各杂志每期须介绍本版：《新中华》介绍政治、经济、文学书，《小朋友》介绍儿童书，《教育界》介绍教育书，《英文周报》介绍英文书。”①

注重广告效益的同时，中华书局还建立了畅销的渠道。在总局规模略具之时，便“设分局于各省，先后成立者凡九处。代办分局十余处，贩卖者千余处。东至美国西及川滇，南尽南洋，北达哈尔滨”②。发达的发行渠道，为书局教科书的广泛传播提供了良好的基础。

与教科书出版相媲美的是，中华书局对儿童用书持续出版。中华书局原编辑所总编辑部主任吴廉铭曾撰文《编辑所史略》（稿本）中说：“儿童文学原为国语运动中一支流，黎锦晖先生爱好音乐表演及儿童文学，乃利用之以宣传国音国语，诚为两利之道，而本局儿童书局遂得独步一时。当时编辑有陆衣言、王人路、黎明、吕伯攸诸先生，都是儿童文学家，先后出有《儿童文学丛书》百余种。黎先生之歌唱表演集如《葡萄仙子》《月明之夜》《三蝴蝶》等，更风行全国。国语运动与儿童文学为本局在文化贡献上的两大成就。”③

儿童文学图书的出版体现了陆费逵的教育观及其对儿童群体的重视。1922 年 4 月 6 日，在陆费逵支持下，黎锦晖、王人路、黎明、陆衣言等参与策划创办了《小朋友》。该周刊以陶冶儿童性情，增进儿童智慧为宗旨；主要内容有图画、故事、小说、唱歌、谜语、笑话、小朋友作文等。《小朋友》的编辑十分注重儿童的接受特点，在周刊常规出版之外，还加出春夏秋冬四季特刊，夏季取名“凉风”，秋季为“明月”，冬季号“白雪”，春季称“鲜花”。陆费逵总揽全局，指挥印刷和发行，黎锦晖主持编辑，陆衣言管理排校，王人路负责绘图，黎明承担国外优秀儿童文学作品的翻译，五人通力合作。这一份继商务印书馆《儿童世界》之后又一份重要的儿童文学刊物，很快打开了局面，大受欢迎。黎锦晖的《麻雀与小孩》《葡萄仙子》等歌舞剧都在《小朋友》上刊登。陆费逵在创刊号上撰写了《小朋友》：“小朋友，我的小朋友！我们都是好朋友。哥哥弟弟一齐来。大家搀着，大家搀着，大家搀着手，一步一步向前走，求学不要落人后。小朋友，我的小朋友！我们都是好朋友。姐姐妹妹一齐来，大家搀着，大家搀着，大家搀着手，一步一步向前走，求学

① 钱炳寰：《中华书局大事纪要私营时期 1912—1954》，中华书局 2002 年版，第 147 页。

② 陈寅：《中华书局一年之回顾》，载《中华教育界》1913 年第 1 期。

③ 钱炳寰：《中华书局史事丛钞》，见俞筱尧、刘彦捷编：《陆费达与中华书局》，中华书局 2002 年版，第 289 页。

不要落人后。”[①]他还在《小朋友》上发表诗歌和散文。从1922年创刊至今《小朋友》依然在出版，可谓出版史上的奇迹，也是出版历史最为悠久的儿童刊物。

《小朋友》之外，中华书局还出版过多种儿童刊物，有《小妹妹》旬刊、《小弟弟》旬刊、《儿童文学》月刊、《小朋友画报》、《少年周报》月刊等。如《儿童文学》以十至十五六岁儿童为对象，读者年龄段与《小朋友》衔接，内容有乐谱、名曲、童话、诗歌、童谣、儿童剧、故事、自由画等。《儿童文学》出版8个月左右就停刊了。在儿童文学用书出版方面，中华书局有“世界童话丛书”“分年儿童文学”“小学生丛书”“儿童服务丛书”“儿童艺术丛书”“儿童古今通”“初中生文库”等。

金兆梓先生在《追忆陆费伯鸿先生》一文中追叙道：“先生乃师清时《四库全书荟要》之意，延聘通人择要裙华，斥巨资用杭州丁氏聚珍仿宋版排印《四部备要》，都一万一千三百五卷，陆续问世，继者选其尤要者，延聘通人加以句读，以便读者。同时更以十元一字之报酬，征求全国读者详斟，费资又巨万。……故知先生用意之深且长。盖先生高祖陆费挥少宗伯尝任《四库全书》副总裁，先生盖欲以此绍述之也。”[②]这就涉及陆费逵另一块重要贡献，即对一大批古籍和重要工具书的出版。影响最大的是《中华大字典》《辞海》，此外还有分门别类的《外交大辞典》《经济学大辞典》《中外地名辞典》等。陆费逵曾说：“余母幼时，就学不及三年，学力皆得诸自修。余之儿时，余父常游他方，余弟兄恒受母训。余母不敢自信，稍有疑义，即检查字典及类书，余遂习焉。成童之际，辄恃字典以阅读书报。……弱冠前后，每日余暇治英、日语文。受课之时少，自修之时多，英、日字典，恒朝夕不离左右。见其体裁之善，注释之精，辄心焉向往，以改良吾国字典为己任。”[③]少年时代的学习经历和体会，使陆费逵深知字典的重要性。但是当时国内字典编撰的落后，以《康熙字典》来说，就有四大弊病且长期未得以修订：“顾《康熙字典》有四大病，为吾人所最苦：解释欠详确，一也；讹误甚多，二也；世俗通用之语多未采入，三也；体例不善，不便检查，四也。在当时固为集

① 陆费逵：《小朋友》，载《小朋友》1922年4月6日第1期。

② 金兆梓：《追忆陆费伯鸿先生》，见俞筱尧、刘彦捷编：《陆费逵与中华书局》，中华书局2002年版，第369页。

③ 陆费逵：《〈中华大字典〉叙》，见俞筱尧、刘彦捷编：《陆费逵与中华书局》，中华书局2002年版，第442页。

大成之作，然二百余年未之修改，宜其不适用矣。”①为此，陆费逵发出“改良吾国字典为己任”的宏愿，汇集中华英才共同完成这项“艰巨之业”。1915年《中华大字典》出版，收单字5万多，校正了《康熙字典》中存在的4000多处错误，且编排体例更趋合理，解释明晰准确，查阅检索方便。

第三节 匡时济世情怀与中华书局的经营策略

陆费逵在《我为什么献身书业》中谈及献身书业的两个动机，其一就是19岁时有感于买书难，合资开办新学界书店。做了一年，营业达1万余元。其二就是任昌明公司上海支店经理时，觉得书业大有可为。他拿当时日本的状况做比例，推算中国书业每年应有3亿元之营业。于是，“年少气盛，野心勃勃就决计献身于书业了”②。陆费逵献身书业的志向与他对图书出版的洞见密不可分。

他对国内出版现状和形势有清晰的认识。首先，关于图书出版规模：“我国大规模之出版、印刷事业，殆只有商务、中华两家，且均以学校教科书为主，稍高深之书，殊不易销，良著亦不多见，实可谓仍在幼稚时代。”③陆费逵的观察对晚清以来国内书业的发展可谓一语中的。晚清民国时期我国参与文学书籍出版的出版机构数量众多，但是大多规模不大，出版5种以上文学书籍的出版机构仅占总数的16%左右，全部2300余家出版机构中，平均每家仅出版6.4种文学书籍。据邓集田《中国现代文学出版平台》的统计，晚清民国时期我国出版的文学书籍有14000余种，涉及的出版机构有2322家。其中出版文学书籍100种以上的出版机构有18家，仅占出版机构总数的0.8%；出版50—99种的有20家，仅占总数的0.9%；出版10—49种的有155家，约占总数的6.7%；出版5—9种的有182家，约占总数的7.8%；出版5种以下的约有1947家，约占84%。④ 即使到了20世纪30年代，上海书业繁荣一时，但是在商务和中华之外，大多是资本不大，设

① 陆费逵：《〈中华大字典〉叙》，见俞筱尧、刘彦捷编：《陆费逵与中华书局》，中华书局2002年版，第442页。

② 陆费逵：《我为什么现身书业》，见俞筱尧、刘彦捷编：《陆费逵与中华书局》，中华书局2002年版，第459—460页。

③ 陆费逵：《我国书业三大概》，见俞筱尧、刘彦捷编：《陆费逵与中华华书局》，中华书局2002年版，第461页。

④ 邓集田：《中国现代文学出版平台》，上海文艺出版社2012年版，第213页。

备不全的中小书局。

其次，关于书局的营业情况。“民国初年约一千万元，商务印书馆占十分之三四，中华书局占十分之一至二，近年约三千万元，商务印书馆约占二十分之六，中华书局约占二十分之三，世界书局约占二十分之一。”[①]较之美国、日本出版业状况，国内出版业的落后局面就更加显眼：我国人口总数是美国的 4 倍，但整个印刷出版业的年营业额尚不到 3000 万元，仅相当于美国纽约市一地出版业年营业额的 1%左右。美国《星期六周刊》，每期销售三四万份，封面广告每期须 5000 美金，全期售报及广告收入约 1500 万至 2000 万美金，合国币 6000 万至 1 亿元。一种杂志的年营业额，就相当于我们印刷出版业一年营业总额的二至三倍。

最后，关于稿酬和出版机构境遇。“说到买稿，欧美我不知道，日本则每原稿一页约五百字，最低者售二元日金，最高者五十元；即每千字四元至一百元。稿费越大者销路越好，各书坊越争买其稿。我国通常稿费每千字二元至四元，五、六元的很少，小书坊甚至收每千字五角至一元的书稿。试问著作人每日辛苦著作，得数元乃至十数元的酬报。倘无主顾，只好自己鉴赏。照此情形，著作人哪能安心从事著作呢？”[②]稿酬低，撰稿人难以安心从事著作之外，出版机构也是困难重重：“或以为薄待著作者，一定肥了发行者，但是发行者得利之书很少，蚀本者很多。每一书坊开若干年，只剩些不销之书籍和无着落之欠账，便不得不关张了。前清末年的许多书坊至今存在的差不多只有商务印书馆和广益书局几家。其余不是关门，便是出盘。即民元开办的中华书局，艰难备尝，慎重紧缩，股东在近十七年中，或无利，或得利一、二，最多一年只四厘。办事人待遇也很薄，苦了二、三年，总算勉强站住了。其他与中华书局先后开办的，现在一家都不存在了。试问此种情形，资本家和事业家谁肯来经营这种事业呢？”

这就是在中国经营书业的困境与不易，但是陆费逵知难而进。1922 年冬，在国语专修学校进行了《书业商之修养》的演讲，他就提道：“书业商的人格，可以算是最高尚、最宝贵的，也可以算是最卑鄙、最龌龊的。此两者之判别，唯在良心上一念之差。”[③]面对出版机构生存的艰难，陆费逵并未逐

---

① 陆费逵：《六十年来中国之出版业与印刷业》，见俞筱尧、刘彦捷编《陆费达与中华书局》，中华书局 2002 年版，第 478 页。

② 陆费逵：《六十年来中国之出版业与印刷业》，见俞筱尧、刘彦捷编：《陆费逵与中华书局》，中华书局 2002 年版，第 479—480 页。

③ 陆费逵：《书业商之修养》，载《中华书局月报》1923 年第 7 期，见陆费逵：《陆费逵文选》，中华书局 2011 年版，第 30 页。

利为先，而是坚守理想抱负，努力维持出版物的文化价值："出一部有价值的书籍供献于社会，则社会上的人们，读了此书之后，在无形中所获的利益定非浅显；反是，如以诲淫诲盗的书籍供献于世，则其比提刀杀人还要厉害。盖杀人不过杀一人，恶书之害，甚于洪水猛兽，不知害多少人。"[①]在中华书局的出版历程中，始终恪守这样的出版标准，为此有研究者指出："中华书局的书不能说本本都是高品位高水平，但至少可以说，中华书局从来没有出过一本粗制滥造的，或带有黄色的，或散发铜臭的，或低级趣味的书，在当时书业混乱，竞争激烈的年代，能坚持这样一种道德操守和文化使命感，确是难能可贵的。不过，话说回来，也正因为有了这样的坚守，中华书局才得以长盛不衰。"[②]陆费逵以其睿智和勤奋开拓了中华书局的现代出版宏图，他还说："我们希望国家社会进步，不能不希望教育进步；我们希望教育进步，不能不希望书业进步。我书业虽然是较小的行业，但与国家社会的关系，却比任何行业大些。"[③]

陆费逵努力倡导良性的商业竞争环境。中华与商务之间的竞争是立体的，全方位的，有暗中的，也有公开的，花样百出。陆费逵曾在一份给中华书局董事局的提案中概括地指出，这种竞争主要来自五个方面：

> （一）廉价竞争。定价既廉，复改五折，实际批发四折以下，利益不及曩者之半，幸销数增加，否则殆矣。（二）广告竞争。费用较往年不止加倍，且时有互毁之举，精神耗费尤甚。（三）资本竞争。彼此欲防竞争之失败，不得不增加实力，竞添资本，对政学界之有力者竞之尤力，无形中不免有损失。（四）放账竞争。内地推销，权操同行，欲结其欢心，而放账加松，即使滥账不多，而资本搁置，受损已不浅。（五）轶出范围之竞争，即倾轧也。[④]

1914年10月，中华书局董事局专门就与商务联合问题开会讨论，期望通过联合来消除彼此之间的激烈竞争。会上，陆费逵详尽地阐述了五大联合之利：

---

① 同上

② 吴永贵：《陆费逵与中华书局对中国文化的贡献》，见俞筱尧、刘彦捷编：《陆费逵与中华书局》，中华书局2002年版，第176页。

③ 陆费逵：《书业商会二十周年纪念册·序》，见《陆费逵文选》，中华书局2011年版，第335—336页。

④ 钱炳寰：《中华书局大事纪要私营时期1912—1954》，中华书局2002年版，第12页。

(一)目下两家教科书营业约一百二十万元,照刊明五折及同行应得之回佣出售,不再滥减,约可增收四分之一,计三十万元。(二)目下两家溢额之消耗,如广告、推广、应酬等费,假定中华书局六万,商务印书馆九万,合之为十五万元,皆为虚掷,联合之后,均为盈利。(三)因竞争之故,存货过多,联合后可腾出资本经营他业。假定两家用于教科书资本为一百二十万元,联合后减去三分之一,即有四十万元改营他业,以毛利四分计为十六万元。以上三项即可增加年收入六十万元。(四)因竞争对同行收账,均不肯过于激烈,常有久欠之事,联合后收账自较容易。(五)因教科书廉价放账,影响其他书籍亦放账减价,受害颇巨。①

为此陆费逵对作者极为优待,同时他对读者也十分照顾。1917 年,在发行所增设"通讯贩卖部",切实为读者服务。"通讯贩卖部"为读者办理图书邮购业务的同时,还为读者代购各种物品:"凡上海、直奉、江浙、闽粤、川汉以及欧美、日本各处的货物,除威胁品及有伤风化品外,也可代读者购买。读者购买的本局出版物,如发现印刷、装订质量有问题,可以随时调换或退款,不让读者遭受损失。"②

陆费逵相信印刷是书局发展的基础,十分重视印刷设备的更新和印刷人才的培养。1913 年陆费逵就到日本考察,看到日本印刷事业的发达,深有启发。在陆费逵的倡导下,中华书局对印刷事业格外重视,斥资努力培植印刷人才,甚至在中华经济状况艰难的情况下,对训练培植印刷人才绝不吝啬。为此,中华书局汇聚了不少优秀的印刷业务人才。除了这些在业务上大有作为的人士,中华书局还有精于印刷技艺的专业人士,如著名雕刻家沈逢吉。沈逢吉早年赴日就学于日人细贝为次郎攻雕刻,学成归国服务于北京财政部印刷局。"民国"十一年(1922)受聘于中华书局,教授雕刻技术培养制版人才 40 多名。沈逢吉奠定了我国雕刻凹版的深厚基础,使得我国印钞事业不必依赖外人。除了沈逢吉之外,还有赵俊、汪宝祥、杨友朴等一大批各有所长的专家。如此庞大阵容的印刷人才成就了中华书局在印刷上的优势,为中华书局承印商业应用品、有价证券等业务提供了保

① 钱炳寰:《中华书局大事纪要私营时期 1912—1954》,中华书局 2002 年版,第 12—13 页。

② 李湘波:《出版印刷事业的开拓者陆费伯鸿先生》,见俞筱尧、刘彦捷编:《陆费逵与中华书局》,中华书局 2002 年版,第 75 页。

证，也为中华书局的发展赢得重要的资金。"这种以承接社会印件，借以扩充、更新设备的经营方针完全是对路的。'民六危机'以后，印刷所能在短期内得到恢复和发展，主要得力于社会业务的开拓，先后承接了克劳广告公司和南洋兄弟烟草公司等大宗印刷业务。特别是南洋公司的印件，数量大，时间长，所获厚利，不仅扩充和更新了技术设备；同时也缓解了全局的经济困难。"①

陆费逵对印刷事业重视对中华书局的工具书出版有很大裨益。《辞海》出版就基于陆费逵的眼光与抱负。1936 年，《辞海》出版，陆费逵为之撰写了《编印缘起》，其中有这样的一段话："吾行年五十，从事出版印刷业三十年矣，天若假我以年，吾当贾其余勇，再以一二十年之岁月，经营一部百万条之大辞书也。"②《辞海》的出版前后 20 多年，几经波折，1915 年拟定规则，到 1936 年出齐。《辞海》费时而难成，有五大难点：选辞之难，解释之难，引书篇名之难，标点之难，校印之难。上述每一难点的解决都有赖于相关专家的倾力相助，如果说前面四大困难可以归纳为编校的困难，仰赖于陆费逵组建的庞大的编撰队伍。而排印之难，就有赖于硬件的支撑了。"至普通汉字，电报书不过七八千字，各印局铜模少者五六千，多者七八千，此次特加制铜模八千余个，共计已有一万六千个尚嫌不足；其僻字新字仍须临时雕刻。此种字体，平时不习见，但丝毫不能讹误，其困难殆非局外人所能想象也。"③面对如此庞大的排印困难，如果没有中华书局强大的印刷能力作为后盾，是不可能完成的，这就与陆费逵的经营智慧——对印刷技术的重视密不可分。

开明书店创办人章锡琛对中华书局重视印刷的正确做法有过评述："王云五放弃印刷企业的失策。'商务'原是从印刷业扩展到出版业，不但历来在出版界占有优势，在印刷界也声望最大。'商务'股本 500 万元，营业额最多的年份不超过 2000 万元，周转率之低颇难想象。欧美的一般书，印数都在以万计，多的可以到几十万以上，中国除教科书和通用的工具书以外，一般都只有几千，销数差的甚至只有几百。'商务''中华''世界'所以能成为出版界的翘楚，唯一的基本条件是印数最多的教科书，'商务''中华'更依靠印刷业的扩展。'世界'因为这两方面都不及两家，就一直靠借

---

① 沈毅身：《缅怀文化出版事业的先驱者陆费伯鸿先生》，见俞筱尧、刘彦捷编《陆费达与中华书局》，中华书局 2002 年版，第 74 页。

② 《〈辞海〉编印缘起》，见俞筱尧、刘彦捷编《陆费逵与中华书局》，中华书局 2002 年版，第 446 页。

③ 同上。

债度日。规模不及‘世界’的大东书局，只有书局的空名，实际上并没有什么出版物，经济基础却比‘世界’更稳固，就专靠兜揽印花的印刷作为主要营业。其他各小出版家，如果没有教科书或其他销数较大的出版物，往往都倏起倏减，不能维持到十年二十年之久，更谈不上什么发展。王云五放弃了印刷业，让‘中华’不费力夺取了他们的地盘，眼看着‘中华’在出版业衰落时期专向印刷方面发展，把公债券和纸币的印刷包揽到手，获得大量利润。”[①]章锡琛的这一番话道出了商务印书馆、中华书局等民国时期出版机构的营运情况，教科书之于各大出版机构的重要性可见一斑。而章锡琛对陆费逵重视印刷技术的赞许，正反映出了陆费逵经营的重要智慧。

印刷所人才荟萃与陆费逵的人格魅力有关。钱歌川在《回顾五十年》中写道：“中华书局在陆费伯鸿先生领导下，无形中形成了一种传统，我们无论走到何处，只要有中华书局的地方，就一定可以获得照顾。我在赴欧途中经过新加坡，就受到当地分局经理们的热烈欢迎。”[②]赵俊曾回忆陆费逵的道义之交，如对聘请舒新城为编辑所所长，给出 300 元的月薪，比他自己的 220 元还高出 80 元。再如 1935 年田汉被捕时陆费逵与舒新城、陈润泉商讨营救办法，后来又为其子筹集教养费。而作为中华书局雕刻课主任赵俊结婚时，“印刷所所长王瑾士将上情向伯鸿先生道及。先生问谁是证婚人，王答不知。伯鸿先生即说：‘我做证婚人。’并嘱编辑所所长舒新城为来宾致辞”。此外，陆费逵又嘱王所长代办喜幛一幅，贺礼大洋 20 元，还另外赠送礼金大洋 400 元。在印刷所之外，中华书局的发展之中得到文化教育界众多人士的支持。中华书局的编辑部达 200 多人，张闻天、田汉、潘汉年、左舜生、王宠惠、朱文叔、钱亦石、钱歌川、葛绥成等，都在编辑部工作过。陶行知、张宗麟、戴伯韬等担任过《中华教育界》杂志的编辑。

陆费逵致力于中华书局的发展过程中，始终有着一群浙江籍学者文人的大力支持，其中有戴克敦、金兆梓等。戴克敦（1872—1934），浙江杭州人，字懋哉，晚清秀才，清代名画家戴熙（醇士）后裔。曾任杭州求是书院教习。1912 年，戴克敦与陆费逵共同编辑教科书并创办中华书局，历任书局董事、事务长、编辑长。戴克敦在中华书局工作时间很长，1913.4—1914.12，1917.12—1932.12 期间都曾任中华书局董事会董事。曾在《教育

① 赵俊：《怀念雄才大略的出版家陆费逵先生》，见俞筱尧、刘彦捷编：《陆费逵与中华书局》，第 20—21 页。

② 钱歌川：《回顾五十年》，见俞筱尧、刘彦捷编：《陆费逵与中华书局》，中华书局 2002 年版，第 43 页。

杂志》发表《论检定教员》《视学篇》等文章，对教育史有研究，出版有《教育史讲义》。对中华书局的教科书改革和编制有巨大贡献，参与编辑了多套中华书局教科书，主要有《新学制修身教科书》《新制中华修身教科书》《新编中华国文教科书》等。

金兆梓（1889—1975），字子敦，号芚厂，浙江金华人。毕业于京师大学堂，1922 年春应聘任中华书局文史编辑，1923 年 3 月离开。1929 年再进中华书局，先担任编辑所教科图书部主任（部长），之后又接替张献之担任编辑所副所长，1942 年任总编辑兼编审部长。金兆梓曾说过："我原是一个北洋大学矿冶系的学生，平日在学校中最喜爱的学科是化学，但我一生的工作，却从来不是化学而是历史，尤其是编辑教科书。"在中华书局期间，他组织编辑了多套教科书，包括从初小到高小，从初中到高中，从简易师范到普通师范，以及南洋华侨各级中小学校课本在内。金兆梓十分注重教科书的品质："在质量上力求完善，如小学语文课本，在选字用词上，都经过他和张献之、朱文叔、吕伯攸诸先生的反复审订修改；算学、常识诸课本的内容，也在先生的主持下，由华汝成、糜襄哉、张筱楼诸先生分别校订充实。至于中学和师范学校各级课本用书，质量也都普遍提高。"①金兆梓还肩负着全所出版物最后核稿及新编《辞海》部分词目的审订工作，还编写了"新中华""新课程标准"等几套高中本国史和高中外国史，其中《新中学初级本国历史》以及配套的《新中学教科书初级本国历史参考书》影响一时。

1941 年陆费逵过世之后，太平洋战争爆发，中华书局转移到重庆。金兆梓到重庆后立即协助书局组织总管理处，成立编辑所和印刷机构，在重庆恢复出版，为大后方学校教学提供用书，他还将《新中华》半月刊改为月刊，亲自担任杂志社社长，章丹枫、钱歌川任杂志主编。金兆梓始终重视出版物的质量，在当时内地出版物印刷质量普遍低劣的情况下，他凭借到达渝地的港沪两厂技术员工对他的信赖，建议在李子坝建立印刷厂，并千方百计创造条件，以提高印刷质量。这一举措不仅使得中华书局的出版物印订质量迅速提高，还影响其他印刷厂家的印制品质量的增进。鉴于金兆梓对中华书局的贡献，声望与日俱增，当时来重庆的各地经理，对他倍加敬

---

① 姚绍华：《金兆梓先生传略》，见中华书局编辑部编：《岁月书香　1 集》，中华书局 2012 年版，第 239—240 页。

重，称他“老夫子”，多数印厂工人也都称呼他“老夫子”。[①] 在编辑教科书之外，金兆梓还刻苦钻研文史，著有《国文法之研究》《实用国文修辞学》以及《芚厂治学类稿》《穆罕默德》等。

① 姚绍华：《金兆梓先生传略》，见中华书局编辑部编：《岁月书香　1集》，中华书局2012年版，第241页。

第五章 沈知方、陆高谊与世界书局

在一九二一年七月间，上海福州路的中心，突然出现一幢完全红漆门面的铺子，叫作“红屋”。那一股火灼灼热辣辣的色彩，具有相当大的吸引力，使经过它门前的行人，不由不暂停下脚，注目而视，显然用这样一种方法来招徕顾客，是有些异想天开的。原来世界书局的创始人沈知方，就是一个异想天开的人。他凑集了少数资本，却抱着雄心壮志，企图在根深蒂固和资本雄厚的商务印书馆、中华书局对峙局面的隙缝中，横槊跃马，杀开一条路子，在上海的出版界中形成鼎足而三。因此，他开头时出版的书，都是些适合小市民口味及有关常识的热门作品。另一方面，拼命在广告上卖力，第一种期刊《红杂志》的发行，就是配合它的广告宣传应运而生的。① 这是《霍桑探案》的作者，与世界书局交往甚深的程小青对沈知方和世界书局的回忆。而在世界书局任职多年的朱联保，曾对世界书局的发展及其盛衰进行概括：1921—1925 年的五年间为创立的幼稚时期，初版书种数为 1150 种，平均每年出书 230 种；1926—1933 年的八年为发展兴盛时期，初版书种数为 2043 种，平均每年出书 255 种；1934—1945 年即陆高谊主事的十二年间为保守艰难时期，初版书种数为 2095 种，平均每年 174 种；1946—1949 年的四年为衰落混乱时期，初版书种数为 292 种，平均每年 73 种。作为民国三大出版机构之一的世界书局，其创办、发展凝聚着两位杰出的文化浙商——绍兴英才沈知方和陆高谊的智慧，而本书对世界书局关注的时段主要集中于 1921 到 1945 年间，即沈知方和陆高谊这两位优秀的浙籍出版家主事的时期。

① 转引自《程小青和世界书局》，见郑逸梅：《清末民初文坛轶事》，学林出版社 1987 年版，第 261 页。

第一节　绍兴英才沈知方——世界书局的草创与兴盛(1917—1934)

沈知方(1882—1939),浙江绍兴人,被认为是"无人能够堪与比肩"的中国近代出版界"勇于开拓的事业家","抱负很大"的"老书坊里杰出人才"。[①] 沈知方的父亲沈锡禹,曾在绍兴城里苍桥大街摆设书摊谋生。沈知方13岁时就到绍兴奎照楼书坊习业。16岁时赤手空拳到上海,在出版界闯荡并拼出一番宏伟事业。出版家秋翁在《六十年前上海出版界怪现象》称沈知方为怪杰:"科举时代他还年轻,跟随几位书业老前辈,带了考篮往各行省、各码头赶考场,向举子们兜卖《大题文府》一类的书本。由于他足迹遍各地,深入民间,留心书业经营,所以对于书籍的行销网了如指掌,只消一见书名,略看内容,便能肯定指这本书应该销往南方或北方,广州可销多少册,汉口可销多少册,北京可销多少册。他的这种眼光是从经验中得来的。"[②]这位在上海书业中艰苦奋斗了四十余年的浙江英才辗转、穿梭于广益书局、商务印书馆、中华书局,1921年他一手创办了世界书局。1934年,沈知方被迫辞职,退居幕后,陆高谊继任总经理,只是在出版物方面,沈知方依然起到一定的指导作用。"沈的编译所所长兼职似尚存在。记得那时凡是有关编辑方面的工作,依旧由他掌管,天天到局处理。"[③]

一、沈知方与世界书局的草创、发展

1899年沈知方到上海进入广益书局,后来受商务印书馆创办人夏瑞芳赏识,于1900年进入商务印书馆。夏瑞芳认为沈知方才气宏阔,"一旦让他离去,将来必定是个商务劲敌"[④]。为此,夏瑞芳"器重他的才能,但又不

---

① 长洲:《商务印书馆的早期股东》,见《商务印书馆九十五年 我和商务印书馆1897—1992》,商务印书馆1992年版,第652页。

② 秋翁(平襟亚):《六十年前上海出版界怪现象》,见宋原放主编:《中国出版史料(近代部分)》第三卷,湖北教育出版社2004年版,第279页。

③ 朱翊新:《我在上海世界书局的编辑工作》,见李树人、方兆麟:《文史资料存稿选编·文化》,中国文史出版社2002年版。

④ 映芝《文化事业中的一段掌故——忆述世界书局创办人沈知方》,《书斋志异 映芝散文集》,中国友谊出版公司1984年版,第115页。

敢信任他，只以小恩小惠加以羁縻，请他担任业务上的顾问，每月送他 50 元的车马费，开业务会议时，要他列席，以备咨询，他笑而就之"[①]。1901 年，沈知方改入乐群书局，因出教科书侵害商务版权，乐群被诉失败，1902 年复入商务印书馆营业所，不久升任所长。1912 年沈知方"乘时崛起，与朋友们集资数十万元准备创立中华书局，大量出版《新中华教科书》向全国倾销"。这就是沈知方和陆费逵合力创办的中华书局，沈知方担任中华书局的副经理，负责营业和进货工作，他在推销中华书局的教科书方面很有经验，极大促进了教科书的畅销。他还和王均卿合办国学扶轮社，与陈立炎合办古书流通处，与其侄沈骏声合办进步书局，与杜思聪合办舆地学社。[②]

后来由于和股东意见不合以及业务等原因，沈知方脱离中华书局。脱离中华书局之后，沈知方开始经营纸业贸易。后来在好友王均卿和张廷休的鼓励之下，重新致力于书业经营。1917 年，沈知方在苏州设立"学术研究会"编辑部，出版了《芸兰日记》《林黛玉笔记》《蕙芳秘密日记》等图书。1919 年，沈知方在上海四马路创立世界书局，出版小说、杂志等。受资金所限，沈知方采取了变换书局名称的出版方式：出版比较正规的书局用广文书局名称，出版属于投机的、"野路子"的书籍时采用世界书局或中国第一书局名称。图书销售的结果显示，用世界书局名头出版的图书销路最好，且随着图书的广为销售，世界书局慢慢为人知晓，并在出版业立足。沈知方敏感地意识到，世界书局这一名称有全球之意（后来世界书局的商标即为直观的圆形地球），并倾全力发展世界书局。1921 年，世界书局扩大，沈知方邀请同乡陈芝生、罗坤祥、赵文焕、魏炳荣等入股，将公司改组为股份有限公司，设总务处、编辑所，印刷所、发行所等，沈知方任总经理。在图书出版方面，除重版书继续沿用广文书局的名称外，新出的书都用世界书局的名称。从此，在上海福州路上这家漆着大红色门面，被人称为红屋的世界书局，异军突起，营业鼎盛、蒸蒸日上，跻身为与商务、中华齐名的重要出版机构。

1921 年改组时，世界书局的资本为 2.5 万元。1922 年，世界书局的营业额增至 39 万元，资本增至 3 万元，并在闸北香山路设第二印刷所，又增设沈阳、汉口两分处。1923 年，世界书局的营业额已达 63 万元，资本已增至 6.3 万元，增设了长沙、太原、南昌三处分局。1924 年，世界书局的营业额

---

① 秋翁（平襟亚）：《六十年前上海出版界怪现象》，见宋原放主编：《中国出版史料（近代部分）》第三卷，湖北教育出版社 2004 年版，第 279 页。

② 朱联保：《我所知道的世界书局》，《文史资料选辑》（上海），第 15 辑，第 2 页。

已飚升到 103 万元，资本已增至 13.6 万元，增设五处分支局，并购进上海租界东区大连湾路地皮十亩多，为准备建筑总厂之用。而到抗战前，世界书局的资本已经增至 73 万元，在全国各省陆续设立了 30 多处分局。世界书局的飞跃式发展很大程度上得益于创办人沈知方的个人才智、谋略。

从 1924 年至 1949 年，先后在世界书局工作了 20 余年的刘廷枚，对创办人沈知方这样回忆："谈世界书局 29 年的历史，说来真是话长。先从 1921 年在红屋中初具规模到 1932 年迁至福州路 390 号大厦：书局、文具商店、世界银行，7 间大门面、4 层高楼、3 个大店，连片一排。这一引人自豪的成就，是创办人沈氏刻苦经营和大刀阔斧作风所得来的。"刘廷枚对沈知方工作的认真勤勉印象尤其深刻："沈氏每天清晨到印刷厂和编辑所工作半天，亲自研究稿件和印样。下午回店研究发行工作和经济调度。事无巨细，一手统抓，深入车间，注意生产；深入店堂，注意读者意见，在开展时期兢兢业业数年如一日。"[①]据朱联保回忆，在 1921 年，世界书局改组为股份公司后的二三年内，曾有信托部之设，专为顾客买物服务。凡上海市顾客欲购外地土特产而该地设有分局可以代购的，或外埠顾客欲购上海货品只要可以寄递的，都接受办理。此项业务，上海人委购外省东西的不多，因外省土特产上海大都有专业商店可以购到，而外埠顾客托购上海的商品较多，因内地和边远地区的人，当时当地不易购得进口品和上海生产的工业品如绸缎衣料等；亦有南洋侨胞托办祖国货物者。当时这个信托部业务颇好，是林君鹤主持办理的。信托部也承接大小印件，因这项业务日益频繁，其后停办物品代购业务而改为承印部。[②] 正是这种明确的服务读者和顾客的意识为起步阶段的世界书局提供了更好的发展契机。

这种尊重读者需求的运营思路还体现在世界书局连环图画书的出版和薄利多销的经营策略上。张静庐在《中国出版史料补编》中提到："连环图画这个名称，是世界书局在一九二一年出版大批图画书时开始用的。"[③]这种观点也得到了阿英的认同：阿英在《从清末到解放的连环图画》一文中说："一直到民国十四年（1925 年）上海世界书局出版一部《西游记》，定名叫作连环图画，大家才统一地叫起来。"[④]世界书局出版连环图画书的起因却

---

① 刘廷枚：《我所知道的沈知方和世界书局》，见全国政协文史资料委员会编：《昔年文教追忆》，中国文史出版社 2006 年版。

② 朱联保：《关于世界书局的回忆》，载《出版史料》1987 年第 2 期。

③ 张静庐辑注：《中国出版史料补编》，中华书局 1957 年版，第 289 页。

④ 张静庐辑注：《中国近现代出版史料　现代丁编下》，上海书店出版社 2003 年版，第 401 页。

是沈知方对儿童读者的关注。沈知方注意到小孩对图画书异常喜爱，街头巷尾的小书摊上总是挤满租借和翻阅图画书的孩子，只是当时市场上流通的图画书质量欠佳，文字既欠通顺，图画又很粗俗，这就激起沈知方改进图画书出版的愿望，即为孩子们出版图画更为鲜明生动，文字更为吸引人的图画书。沈知方选择了家喻户晓的《西游记》作为题材，邀请章育青、陈丹旭、李澍亟、蒋润生等绘画，成为"连环图画"的创始。之后又出版了《三国志》《水浒》《封神传》《岳传》《火烧红莲寺》，共六种，每种约有二十册或二十四册，外加一纸套或者布套，售价低廉，销路很好①。

世界书局的薄利既是为了在竞争激烈的出版市场立足，也是顺应读者购买力的需要。世界书局和商务、中华都曾影印出版过《康熙字典》。当时商务印书馆在报上刊出征求影印《康熙字典》订户的广告，每本定价大洋2.50元。世界书局根据掌握的信息，对此算了笔账：商务印书馆印该书1万本，每本成本1.50元，可获利1万元。世界书局认为销路还有潜力，就迅速抛出了世界版的影印《康熙字典》，印数比商务多5倍，每本成本降为1元，他们把销售价定为2元，以低价与商务印书馆竞争。低价多销，获得反多。而对于同行的翻印行为，沈知方也自有办法应对。"沈知方则主张将被翻印的书另出缩本，降低成本，降低售价，使翻印者无利可图或利益甚少，则不禁自绝。故世界书局出版物之被翻印者乃至逐渐减少，因沈氏认为请官方查禁或与他们涉讼非根本之计也。"②

在用人处事方面，沈知方"一概注重秉公，亲朋友爱如无所长，从不录用；职员一经选用，他即推心置腹，加以信任：如他人无端毁谤，他从不盲从，而是予以保护，由其大胆工作"③。朱联保回忆："与世界书局有关的著作人，不下千人，他们与局方并无发生不愉快的事，而著作人预支稿费后因故未能履行契约交稿，或只交一部分稿件未能出版的，则不胜枚举。世界书局这项预付稿费，当在硬币十数万元……"同时世界书局给予书局职工的待遇，也"总以不比同业为低为原则"。④ 正因为如此，沈知方运筹帷幄将当时许多知名的作家囊入其麾下，为世界书局赢得了丰富的作者和稿源这一维系出版社的重要资源。如张恨水的社会言情小说《春明外史》《金粉世家》《满江红》《美人恩》等的稿酬就高于当时通俗小说的稿酬。张恨水回忆

---

① 郑逸梅：《书报话旧》，中华书局2005年版，第62页。

② 朱联保：《关于世界书局的回忆》，载《出版史料》1987年第2期。

③ 王震：《记世界书局创办人沈知方》，载《出版史料》1992年第2期。

④ 朱联保：《关于世界书局的回忆》，载《出版史料》1987年第2期。

说："沈君愿意一次把《春明外史》的稿酬付清。条件是我把北京的纸型交给他销毁。《金粉世家》的稿酬分四次付，每接到我全部四分之一的稿子，就交我一千元。我也答应了，同时，他又约我给世界书局专写四部小说，每月交出一部。每部字数十万以上，二十万以下。稿费是每千字8元。"[①]为了能让程小青创作和翻译的侦探小说完全交给世界书局出版，他甚至投其所好，约程小青主编辑侦探小说为主题的《侦探世界》半月刊。程瞻庐曾在世界书局的《红玫瑰》上发表《新广陵潮》《快活神仙传》《葫芦》《滑稽新史》《情茧》《童树的年轮》等长篇小说。沈知方常亲自把稿费送到苏州，并向程瞻庐请教杂志的编排和内容等问题。程瞻庐提意见，知无不言，言无不尽，沈知方就把程的意见带到上海来，从善如流，立行改革，所以有人戏称程为该局的"局外编辑"[②]。轰动一时的武侠小说《江湖奇侠传》也是沈知方主动邀约的成果之一。向恺然早先为包天笑主编的《星期》杂志撰写《留东外史补》《猎人偶记》等稿，深得包天笑赞赏。"后来为世界书局的老板沈知方所知道了，他问我道：'你从何处掘出了这个宝藏者。'于是他极力去挖取向恺然给世界书局写小说，稿资特别丰厚。但是他不要像《留东外史》那种材料，而要他写剑仙侠士之类的一流传奇小说，这不能不说是一种生意眼，那个时候，上海的所谓言情小说、恋爱小说，人家已经看得腻了，势必要换换口味，好比江南菜太甜，换换湖南的辣味也佳。以向君的多才多艺，于是《江湖奇侠传》一集、二集……层出不穷，开上海武侠小说的先河。后来沈知方索性把这位平江不肖生包下来了。……"[③]这才有了连载于《红玫瑰》杂志的《江湖奇侠传》以及据此改编的红遍中华大地的《火烧红莲寺》。沈知方看到武侠小说这一类型小说的广受欢迎，趁热打铁，又接连在世界书局的《侦探世界》、《新闻报》副刊等刊载向恺然的《近代侠义英雄传》《玉块金环录》等武侠小说，形成武侠小说出版与创作的热潮，而世界书局自然从中获利不少。

再如主编风行一时的"ABC丛书"的徐蔚南也是沈知方慧眼挖掘的人才。当时沈知方的儿子沈志明在复旦实验中学读书，沈知方就聘任该校教员徐蔚南到世界书局工作，每月发给薪水500元，还派汽车接送，待遇不菲。后来徐蔚南为世界书局主编"ABC丛书"一百数十册，撰稿人包括玄珠（沈雁冰）、李浩吾（杨贤江）、张东荪、陈望道、夏丏尊、曾虚白、徐调孚、胡朴

① 张恨水：《写作生涯回忆》，转引自刘少文：《大众媒体打造的神话——论张恨水的报人生活与报纸化文本》，中国社会科学出版社2006年版，第22页。

② 郑逸梅：《书报话旧》，学林出版社1983年版，第56页。

③ 包天笑：《编辑小说杂志》，见《钏影楼回忆录》，生活·读书·新知三联书店2014年版，第361页。

安、吴梅、孙本文、蒯世勋、傅东华、傅彦长、丰子恺、陈之佛、谢六逸、余楠秋、洪深等人。该丛书影响颇大，徐蔚南也因此被书局内同仁戏称为“ABC”。徐蔚南后来还主编了《生活丛书》《世界少年文库》等丛书，也有广泛影响。

第二节 名利的双赢——言情、武打等消遣读物与教科书、古典图书并行出版

袁进在论述鸳鸯蝴蝶派在经历了“五四”时期的困境，之后在20世纪20年代又兴盛起来的原因时谈道：“世界书局就是由出版鸳鸯蝴蝶派创作翻译的作品，推出新品种，而赚了不少钱，基业稳固之后，才开始出版‘国学名著’丛书，逐步成为大出版社。世界书局的崛起，表明当时的市民需要大量的消遣读物，世界书局迎合了市民的需要，才得以迅猛地发展起来。”①的确，鸳鸯蝴蝶派的作品、武侠小说等迎合市民口味的消遣读物的确是撬动起步阶段世界书局飞跃发展的重要杠杆。

一、世界书局的言情、武打书刊的出版

世界书局早期为了追求商业利益，对出版物的品质追求相对不太注意，曾出版过大量迎合市民口味的通俗书籍，如描写当时上海轰动一时的谋杀妓女王莲英的阎瑞生案、杀死父母的张欣生案、主仆恋爱的黄慧如陆根荣案等绘形绘色的社会新闻报道，还有诸如《未来预知术》《财运预知术》《鬼谷子算命术》等迷信书，还有如枕流阁主著《新九尾龟》、天南野叟编《清宫艳史》和《隋宫艳史》、老上海编《唐祝文周才子风流演义》等野史演义。不过从总体上来说，世界书局出版最多、影响最大并泛有声誉的书刊还是其言情、武打等通俗小说。

1922年，世界书局先后推出了四种期刊：李涵秋、张云石主编的《快活》旬刊，江红蕉主编的《家庭杂志》月刊，张枕绿主编的《良晨》周刊，严独鹤、施济群编辑的《红杂志》周刊等。这四种期刊大多以刊载通俗文学内容为主，供读者消遣娱乐，为普通大众在苦闷平淡的生活之余提供精神慰藉。作为世界书局创办的第一份刊物，《快乐》杂志创刊号的《〈快活〉祝词》充分

---

① 袁进：《鸳鸯蝴蝶派》，上海书店出版社1994年版，第114页。

体现了世界书局出版物的定位和方向："现在的世界，不快活极了，上天下地，充满着不快活的空气，简直没有一个快活的人。做专制国的大皇帝，总算快活了，然而小百姓要闹革命，仍是不快活。做天上的神仙，再快活没有了，然而新人物要破除迷信，也是不快活。至于做一个寻常的人，不用说是不快活的了。在这百不快活之中，我们就得感谢快活的主人，做出一本快活杂志来，给大家快活快活，忘却那许多不快活的事。我便把一瓣心香，祝快活长生，并祝快活的出版人、快活的印刷人、快活的编辑人、快活的撰述人、快活的读者皆大快活。秒秒快活，分分快活，刻刻快活，时时快活，日日快活，月月快活，年年快活，永远快活。"①本着娱乐大众的目的，《快活》杂志曾先后刊登了李涵秋的社会小说《近十年目睹之怪现状》、徐枕亚的言情小说《燕雁离魂记》、郑正秋的社会小说《家庭现形记》、杨尘因的黑幕小说《老残新游记》、朱瘦菊（署海上说梦人）的社会小说《歇浦春梦记》以及张碧梧的两部侦探小说《水里怪人》和《毒瓶》等。郑逸梅曾评价说："《快活》是一种周刊，张云石编辑，并借李涵秋为幌子，挂名为编辑主任。书为袖珍本，携带极便，取材瑕瑜互见，未能尽善。长篇有涵秋的近十年目睹之怪现状、枕亚的燕雁离魂记、尘因的老残新游记、碧梧的毒瓶和水里怪人；特刊有妇女号新婚号滑稽号侦探号离婚号武侠号。罗致名家，不遗余力，三十六期结束。时因妇女著述，很受社会欢迎，所以特刊号外《香闺花影》三期后，由陶凤子编辑了。"②的确，《快活》杂志自创刊之始就广邀名家，除邀请周瘦鹃为其撰写祝词扩大影响力之外，还在创刊号上公布了一份由当时文坛著名通俗文学作家组成的 40 多人的"特约撰述者"名单，如严独鹤、王蕴章、许指严、范烟桥、徐枕亚、程瞻庐、徐卓呆、江红蕉、朱瘦菊、张舍我、张枕绿、张碧梧、程小青、严芙孙、许廑父、郑正秋、叶小凤、杨尘因等。只是，这种娱乐大众的通俗文学的定位尽管为世界书局积聚了一定的社会影响力，但并没有直接为这些杂志赢得长久的生命力，《良晨》周刊出版了 5 期就停刊了，《快活》和《家庭杂志》也在 1923 年初停刊。1924 年 7 月，《红杂志》出满 100 期后停刊，改名为《红玫瑰》继续出版。此外，世界书局还出版了《星光》《诗与散文》等刊物。尽管这些刊物的存活时间长短不一，但以上通俗、休闲性刊物都拥有不少的发行量，使得世界书局成为出版消闲刊物最多的书局，也为世界书局在言情、武侠等通俗小说的出版上赢得了一定的声誉和

---

① 周瘦鹃：《〈快活〉祝词》，载《快活》杂志第 1 号，上海世界书局出版，1922 年。

② 郑逸梅：《小说杂志丛话》，见芮和师、范伯群、郑学弢：《中国文学史资料全编现代卷鸳鸯蝴蝶派文学资料上》，知识产权出版社 2010 年版，第 227 页。

影响。

这其中《红玫瑰》杂志的影响最大，在读者中有广泛的声誉，是世界书局的品牌杂志，其发行量在20世纪20年代的杂志中居于前列，可谓当时最为畅销的杂志之一。"《红玫瑰》严独鹤赵苕狂主辑，是继《红》杂志发刊的。长篇除原有之不肖生《江湖奇侠传》外，又刊李涵秋遗著《新广陵潮》(瞻庐续成全篇)，其余小品文字，亦皆取材新颖，方兴未艾，窃为该志庆祝呢。"[①]我们可以从赵苕狂在创刊号撰写的《编余琐话》中窥见其基本栏目与内容设计："本刊照最新编辑的方法，本不分什么门类，不过就其性质之不同，约略分了下列几栏，以便投稿诸君有所依循。(一)妇女栏。(二)小小报。(三)滑稽文章。(各类滑稽小品包括在内——原注)(四)新鲜笑话。(五)中外趣闻。(六)电影消息。(七)关于剧场及游戏场之谈片。(八)滑稽画。(九)滑稽问答。(十)对于本刊之批评。以上数栏，以后当依次轮流登载。"[②]曾为《红玫瑰》撰稿的有：程瞻庐、朱瘦菊、姚民哀、不肖生(向恺然)、严独鹤、胡寄尘、施济群、李涵秋、陆律西、夏耐庵、高天楼、孙玉声、戚饭牛、朱枫隐等人。《红玫瑰上》曾刊载了《快活神仙传》《葫芦》《情茧》等大量长篇小说，盛销一时。其中不肖生著的长篇武侠小说《江湖奇侠传》，后来被明星影片公司据以摄成红极一时的《火烧红莲寺》电影，更是进一步促进了世界书局通俗性读物的销售。

侦探小说是世界书局另一重要出版物。1946年姚苏凤在为世界书局出版的《霍桑探案袖珍丛刊》序言中说："说起侦探小说，在我们的'壁垒森严'的新文坛上仿佛是毫无位置的。一般新文学家既不注意它们的教育作用，亦无视它们的广泛的力量，往往一笔抹杀，以为这只是'不登大雅之堂'的小玩意儿；于是'宗匠'们既不屑一顾，而新进者们亦无不菲薄它们的存在。"[③]尽管如此，但侦探小说却受到民众的广泛喜爱。善于捕捉读者阅读喜好的世界书局，看中了这个出版的契机，编辑出版了大量侦探小说。

1923年，世界书局创办了由施济群、程小青主编的《侦探世界》半月刊。"《侦探世界》为一种半月刊，由小青独鹤济群澹庵合辑，后澹庵脱离，苕狂承乏，然小说界中，侦探作手不多，所以征稿很不易，不得已，兼刊武侠冒险

① 郑逸梅：《小说杂志丛话》，见芮和师、范伯群、郑学弢：《中国文学史资料全编现代卷鸳鸯蝴蝶派文学资料上》，知识产权出版社2010年版，第226页。

② 赵苕狂：《编余琐话》，《红玫瑰》第1卷第1号，上海世界书局出版，1924年。

③ 姚苏凤：《霍桑探案袖珍丛刊·姚序》，世界书局1946年版，第1页，转引自范伯群：《中国现代通俗文学史(插图本)》，北京大学出版社2007年版，第433页。

诸作品，以充篇幅，廿四期止。”[①]程小青、徐卓呆、王天恨、向恺然、赵苕狂、张舍我、顾明道、何朴斋、张碧梧、胡寄尘、徐耻痕、沈禹钟、范烟桥、何海鸣、黄转陶、陶凤予、郑逸梅等都曾为《侦探世界》撰稿。只是出于稿源等诸多原因，《侦探世界》在出刊24期之后宣布停刊。由此，侦探小说成为世界书局图书出版的重点，在其出版的通俗文学书籍中，侦探小说约占2/3以上，仅侦探小说家程小青的作品书籍就多达50余种(含创作和译作)。[②]

在出版新近创作的同时，世界书局还注重已有资源的利用，如将旧说部加以整理编辑，用新式标点排印，硬面洋装，廉价发售，也有很大的发行量。还有的是在原有出版物基础上汇编而成，如1920年，中华书局汇集柯南道尔的原作，出版了《福尔摩斯探案全集》，销路很广。沈知方看准了这一点，让程小青将中华书局出版的，加上柯南道尔续写的作品加以收罗，编辑成《福尔摩斯探案大全集》，并且把每篇作品重译成白话体，加上新式标点和插图。程小青回忆：“1920年左右(实际应为1916年——笔者注)，中华书局汇集柯南道尔的原作，译出一部《福尔摩斯探案全集》，我和严独鹤、周瘦鹃都参加翻译，出版后，销路很广。这时沈知方看准了这一点，叫我把中华书局出版以后，柯氏续写的探案一起收罗在内，另外出一部《福尔摩斯探案大全集》，并把每篇作品重译成白话体，加上新式标点和插图。因为中华版是文言文，读者对象有了限制，他知道我对于此道有偏爱，乐于承担这一工作，就压低稿酬，并限期半年全部完稿。我说：‘柯氏的探案长短五十四篇，一共有七十多万字，半年时间，无论如何完不了。’沈知方却轻描淡写地说：‘把文言的改成白话，化得了多少功夫呀！’就这样，说也惭愧，我竟依从了他的要求。除了我自己，和顾明道等从原文译了一部分以外，其余的分别请朋友们当真把文言译成了白话，完成了这一粗制滥造的任务。”[③]这也正是世界书局图书被人诟病的缘由所在了。

二、世界书局的教科书出版

“以国语运动为发财事业的书店方面的努力，其功也不可埋没。中华书局经理陆费逵当国语运动发生之初，早知国语教育势必实现，所以参加

---

① 郑逸梅：《小说杂志丛话》，见芮和师、范伯群、郑学弢：《中国文学史资料全编现代卷鸳鸯蝴蝶派文学资料上》，知识产权出版社2010年版，第226页。

② 邓集田：《中国现代文学出版平台》，上海文艺出版社2012年版，第231页。

③ 转引自郑逸梅：《清末民初文坛纪事》，中华书局2005年版，第262页。

国音推行会，创办国语专修学校，制造国音留声机片，出版大宗国语用书，赶造国语教科书，不遗余力。商务印书馆表面上稍稍落后，而追踪的结果，成绩至少不下于中华。1925年世界书局发行国语教科书，意外地卷起了一个推销国语用书的大波澜。当时三个书局互相竞争，只求把国语书销出去，蚀本奉送不算，有时奉送了还有倒贴。结果三家书局因此亏耗百余万元，而促进国语教育的力量，事实上比无论那项国语运动都浩大。"[①]乐嗣炳在《十年来的国语运动》文中不仅阐述了教科书出版对于国语运动的推动作用，也令我们窥见当年商务、中华、世界鼎足而立竞相出版教科书的激烈情况。这其中一个重要的背景是垄断当时教科书市场的商务印书馆和中华书局试图挤垮新加入者——世界书局。当时商务和中华两家密谋先用利诱，愿以银币10万元送给沈知方个人，而要沈知方以世界书局停止出版教科书。沈知方断然拒绝，于是商务出资三分之二，中华出资三分之一，合设国民书局一所于上海河南路，编印新国民小学教科书一套，不计成本，用赠送、跌价办法与世界书局竞争，目的要压倒世界书局，结果因国民书局的教科书是从商务、中华原有旧课本中拼凑而成，内容较差，不受教育界欢迎；且商务、中华两家临时结合，仍有同床异梦的矛盾，他们的分支店仍以推销本馆本局的课本为主，不注重国民书局教科书的推销，故结局是国民书局把资金若干万元消耗殆尽而停业，世界书局虽未被推倒，但经济上也伤元气。其后大东、开明等亦陆续出版教科书。[②] 汪家熔认为1924年才开始出版教科书的世界书局之所以能立足，得益于沈知方的营销有术："他挤商务、中华的教科书份额的手段特别高明。世界书局因为力量小，干部少（一个分支机构必须派出可靠的3个人：经理、会计、营业主任，其余可就地雇用），沈知方采取了量力设分局，大量发展'特约经销处'的办法，一时世界书局的发行网点大大超过商务、中华。商务、中华分馆分局设在大中城市，世界书局的特约经销处大都在中小城市和县城，这就极容易在县乡割下商务、中华的教科书份额，从此世界书局和商务、中华鼎足而三。"[③]事实上，世界书局参与教科书出版，改变了商务、中华两家垄断教科书出版的局面，一定程度上有利于教科书内容和版式的革新，降低了教科书的售价，便于普通民众购买。如世界书局的教科书就力求在版式上出新。早期的小

---

① 乐嗣炳：《十年来的国语运动》，载《世界杂志》1931年增刊，见朱联保：《关于世界书局的回忆》，载《出版史料》1987年第2期。

② 朱联保：《关于世界书局的回忆》，载《出版史料》1987年第2期。

③ 汪家熔：《史料杂录三》，载《出版发行研究》1994年第5期。

学教科书，每页都用一方框将课文和图画等内容圈定其中，形式上较为呆板、单一，缺少变化。世界书局的教科书就大胆取消传统的方框，使版面加宽，使得每页上的字体和图画得到充分放大的空间。同时为满足儿童喜爱彩色和精美图画的需要，世界书局还请画西洋画的画家陈抱一、阳太阳、杨秋人等编绘《世界儿童国语》、《世界儿童算术》（大型本）、《图画课本》等，用道林纸五彩印刷；另将初小一年级用的国语、常识、算术三种，也用五彩印刷。这些图文并茂的教科书受到教育界师生的热忱欢迎。世界书局的教科书编写还照顾到不同地域、不同时期使用的要求，出版多种教科书。"后几年出版新课程标准教科书，分编乡村用、中小城市用、大都市用，和春季始业用、秋季始业用等各套，以适应不同地区、不同时令之应用，出版册数比同业为多（例如国语一科，同时有四种版本发行；朱翊新编的称世界第一种国语，内部和贩卖书店简称 A 国语，比较多销行于小城市和农村；魏冰心编的称世界第二种国语，内部和贩卖店简称为 B 国语，比较多销行于中小城市；吴研因编的称世界第三种国语，内部和贩卖店简称 C 国语，比较多销于大中城市和海外；另有朱诩新、杨镇华编的春季始业国语，比较多销行于农村）。"①

世界书局出版的教科书被当时学校广为采用，据 1930 年上海特别市教育局编的《上海教育》月刊第十二期中的《市校教科用书统计》②一文，仅以上海市立小学各年级用书的调查统计，其情况如表。

市校教科用书统计表

科目	商务	中华	世界	国民	共计
小学国语	304	143	283	113	843
小学算术	140	194	187	148	669
小学常识	178	65	198	86	527
小学自然	69	32	78	47	256
小学卫生	36	10	21	5	72
小学公民	20	26	13	7	66
小学社会	46	16	34	13	109
小学历史	43	28	33	7	111

① 朱联保：《关于世界书局的回忆》，载《出版史料》1987 年第 2 期。

② 施翀鹏：《市校教科用书统计》，载《上海教育》，1930 年第 12 期。

续　表

科目	商务	中华	世界	国民	共计
小学地理	45	32	27	7	111
合计	881	546	874	433	2734
百分比	32.2%	20%	32%	15.8%	100%

从数据来看，世界书局的教科书被采用率仅稍弱于商务印书馆，占据了三分之一的市场，在竞争激烈的教科书出版中非但没有被商务和中华挤兑掉，反而牢牢站稳了脚跟，其影响力和竞争力可见一斑。

三、世界书局的国学名著及其他出版物

在出版言情、武侠小说和教科书的同时，世界书局也注重文化积累，出版了不少有一定影响的丛书。自 1926 年至 1933 年间，世界书局先后启动出版了王钟麒等编的"中学世界百科全书"、陈德征主编的"新国民丛书"、徐蔚南主编的"ABC 丛书"和"生活丛书"、朱鸿达主编的"考试准备各科概要丛书"、孙本文主编的"社会学丛书"、李时权主编的"经济学丛书"、上海尚武进德会编的"写真尚武丛书"、杨开道主编的"农村生活丛书"、范祥善主编"现代新文库"、林汉达主编的"活用英文 ABC 丛书"、徐蔚南主编的"世界少年文库"、朱兆萃主编的"世界新教育丛书"、徐蔚南主编的"童年读本丛刊"、刘麟生主编"中国文学丛书"、王造时主编的"世晁政治学丛书"等 30 套丛书。

1929 年 9 月至 1933 年 3 月世界书局推出了"世界名著丛书"，收入有傅东华译的《人生鉴》，徐蔚南译法国法兰西的《女优泰伊思》，钟兆麟译美国爱尔乌德的《文化进化论》，张竞生译的《卢骚忏悔录》，马复、李溶译美国鲍特的《近代教育学说》，李浩吾译美国史坦利·荷尔的《青年期的心理与教育》。其中以张竞生译的《卢骚忏悔录》最为出名。此外，1931 年，世界书局启动了徐蔚南主编的"世界少年文库"，截至 1933 年共出版了 40 余种世界儿童文学名著，有柯蓬洲译亚米契斯的《爱的教育》和雨果的《少年哀史》、远生译凡尔纳的《十五少年》、彭兆良译《格林童话集》和《鲁滨逊飘流记》、董枢译保罗·缪塞的《风先生和雨太太》、由宝龙译的《王尔德童话集》、吴景新译威斯佛特的《大人国游记》和《小人国游记》、徐蔚南译海克督马六的《孤零少年》、蒋瑞青译的《吉诃德先生》、丁留余译史蒂芬孙的《金银岛》、杨镇华译白涅德夫人的《小伯爵》、吴景新译马克·吐温的《汤模沙亚

传》、过昆源译安徒生的《小杉树》和《雪人》等。这套丛书是世界书局历史上最为畅销的丛书之一，在儿童读者中影响很大。

第三节　绍兴英才陆高谊与世界书局的后期经营

陆高谊(1899—1984)，浙江绍兴人，1924 年毕业于杭州之江大学，后曾任河南第一女子师范学校校长。1928 年任河南中山大学教务长。1930 年任杭州之江大学教务长兼附中主任。1933 年进入世界书局，曾任世界书局总管理处秘书、经理。据胡山源回忆，陆高谊是在世界书局陷入困境之时临危受命。当时世界书局的秘书沈望衡去世，而总经理只会"运筹帷幄"，不会"折冲樽俎"出面应付人。于是胡山源推荐了善于行政管理和交际应酬的陆高谊进入世界书局任秘书。① 1934 年，受世界银行挤兑风潮影响，世界书局出现危机，沈知方被迫辞职，陆高谊接任总经理。主持出版《英汉四用辞典》《十三经注疏》《资治通鉴》《大时代文艺丛书》等较有影响的书籍，是世界书局后期营业的主导者。1945 年 9 月，陆高谊辞去世界书局总经理一职。

陆高谊善于行政管理和交际应酬，对世界书局的经营管理的改进，颇多建树。世界书局在陆高谊的主持下光大门楣，以商务、中华为竞争目标，业务进一步扩大。教科书历来是出版业兵家必争之地。官办正中书局正式开张后，凭借官方后盾大有侵吞别家领地之势。为了稳住阵脚，陆高谊提出建议，各教科书主要店家内部休战，团结合作，然后把正中书局也拉进来，六家书店形成联合体，合理解决销售教科书问题，也就是分配市场份额问题。商务的王云五与中华的陆费逵都很赞成，由陆费逵出面邀集商务、世界、大东、开明和正中会商，从而形成教科书六大商家的格局，世界书局也因此成为 20 世纪 30 年代国内最大的出版企业之一。② 在公共关系方面，沈知方很有进取精神，但为人较为骄傲，和同业关系较为紧张，世界书局快速发展的局面为同业嫉恨。同业中对世界书局好感不多，由此生出的笔墨官司也不少，如世界书局的英语读本、历史课本都和开明书店、中华书局打过官司。陆高谊主政时期，陆氏既长于行政管理，复长于应酬，又十分

---

① 胡山源：《文坛管窥——和我有过往来的文人》，上海古籍出版社 2000 年版，第 319—320 页。

② 王建辉：《老出版人肖像》，江苏教育出版社 2003 年版，第 220 页。

健谈，善与同业联络周旋，从此世界书局在同业中一反以前的被孤立局面，而与同业关系才有所改善和转变。[①]

陆高谊"致力于经营管理，颇多建树。出书以切合实用为社会称道"[②]。陆高谊主政时期，调整了世界时局以往注重通俗文学出版的偏向，本着理性务实的精神，在英语图书、文艺书刊等方面很有建树，而这几个板块正是世界书局之前出版中的弱项。陆高谊聘请留美博士林汉达为英语编辑部主任，编撰英语辞典和教学用书。其中《英语四用辞典》一经推出，广受赞誉，其市场认可度甚至压倒了商务印书馆的《英汉模范辞典》。此后，林汉达又编印了《世界标准英语辞典》《初级英语标准读本》《高级英语标准读本》以及"英语 ABC 丛书"。这些英语读物很受欢迎，为当时许多学校所采用，极大拓展了世界书局的市场占有力和声誉。

陆高谊这种理性务实的出版理念还体现在古籍的整理出版方面。他认为："人家出版几千册几百册的大部头书，是供购买者作厅堂装饰用，装在精美的书橱、书箱里的，非有财力者不办。我们出版的古书，是选择重要的缩印成精装几册，可以随身携带，大小房间都可放置，是方便学习参考用的。有一个比喻，他们好比全桌筵席，我们好比是点吃名菜。"[③]在陆高谊的主持之下，世界书局缩影古籍，刊行国学名著。郑振铎就曾称赞世界书局出版的古典图书"价廉方便有用"。世界书局刊行的国学名著丛书囊括经史子集各部，有《论语》《孟子》《大学》《中庸》《诗经》《书经》《易经》《礼记》《春秋三传》《史记》《汉书》《后汉书》《老子》《庄子》《墨子》《荀子》等。还出版了《史通通释》《文史通义》《文选》《古文辞类纂》《经史百家杂钞》《骈体文钞》《词综》《元曲选》等。此外还有《水浒传》《三国演义》《红楼梦》《儒林外史》《老残游记》等小说，以及《文心雕龙》《诗品》等文学批评论著。世界书局这一国学名著系列实际上就是把商务、中华的《四部丛刊》《四部备要》化整为零，使之小型化，变线装书为平装普及本，便于读者购买。

侦探小说家程小青曾对陆高谊主政期间的图书出版有过评价："陆高谊继任经理，世界书局更趋纯正，信誉渐著，对于商务、中华，颇有后来居上之势。"[④]陆高谊主政之后，曾推出一系列丛书出版活动，主要有郑振铎等主编的"大时代文艺丛书"，孔另境主编的"剧本丛刊"，贺之才译的"罗曼·罗

---

① 王建辉：《老出版人肖像》，江苏教育出版社 2003 年版，第 222 页。

② 宋原放：《出版纵横》，上海人民出版社 1998 年版，第 183 页。

③ 转引自朱联保：《近现代上海出版业印象记》，学林出版社 1993 年版，第 140 页。

④ 程小青：《我在世界书局的编译活动》，见李树人、方兆麟《文史资料存稿选编 23 文化》，中国文史出版社 2002 年版，第 330 页。

兰戏剧丛刊”，芳信译的“俄国名剧丛刊”，陆高谊亲自主编的“世界名人传记丛刊”，“新五四运动丛刊”，“中国名画家丛刊”，等等。此外，还有一系列通俗、实用、应时的丛书，如许亦非和王邦模主编的“日语基础丛书”、柴子飞等编的“公民训练讲话丛书”、洪式闾主编的“医学丛书”、蒋舜年等编的“战时常识丛书”、大众知识社主编的“苏联丛刊”、胡山源编撰的“明季忠义丛书”、陆高谊主编的“青年成功丛书”、蒋伯潜和蒋祖怡编的“国文自学辅导丛书”、谭正壁编的“国文研究丛刊”、程小青编的“霍桑探案袖珍丛刊”、董任坚编的“中华儿童教育社乙种丛刊”、陈鹤琴和陈选善主编的“中国历史故事丛刊”、龚昂云等编的“化学工业丛书”等。

胡山源编撰的“明季忠义丛书”达150万字，是陆高谊提议由胡山源创作和编写的。丛书于1938年出版，包括《江阴义民别传》《嘉定义民别传》《扬州义民别传》《各地忠臣遗事》和《各地义民遗事》。陆高谊为该丛刊作序，认为丛书的宗旨是“提倡民族精神”。陆高谊倡导的“民族精神”的最好体现的是另一套重要的文艺丛书——“大时代文艺丛书”的编辑和出版。抗战爆发之后，上海成为孤岛，积极团结进步作家参加抗战，鼓舞全国人民的抗战斗志成为时代的需求。陆高谊邀约郑振铎、王任叔、孔另境等共同编辑，郑振铎在《大时代文艺丛书序》中号召：

> 文艺工作者在这个大时代里必须更勇敢、更强毅地站在自己的岗位上，以如椽的笔，作为刀，作为矛，作为炮弹，为祖国的生存而奋斗。在这个大时代里，文艺工作者成为无量数的群众中一分子，而不是孤高自赏的自己禁闭于象牙塔里的人物了。他要应用着他的特殊的技能与工具为无量数的群众写作，咏歌，演奏，呼号。他要贡献他的一切给祖国；没有例外，没有躲避，没有退息与闲暇。……他要为祖国与无量数的群众在最黑暗的漫漫长夜里擎起火炬，照耀到天明。
>
> ……
>
> ……当我们的祖国在作着生死斗的大时代，一切文艺工作者们只有一条路可走，就是贡献一切给我们的祖国，没有踌躇，没有彷徨，没有躲藏，没有例外。
>
> ……
>
> 我们这一群文艺工作者们，力量虽然薄弱，但没有一个敢放弃了我们的应尽的任务。这部“大时代文艺丛书”的编著，便是我

们的工作之一。①

该丛书于1939年出版，有郭新源等著的《十人集》，孔另境、王任叔等著的《横眉集》，巴人著的《扪虱谈》，柯灵著的《掠影集》，王行岩著的《突围》，白曙、石灵著的《松涛集》，容庐著的《繁辞集》，等等。这套丛书的出版是进步作家融入时代洪流，彰显文艺为现实服务的意识，也是陆高谊的出版情怀与追求的最好体现。

世界书局致力于中国文学发展与进步的努力还有另一套重要丛书，这就是"中国文学丛书"。该丛书由八部书稿组成，出版时间从1934年到1944年，有方孝岳的《中国散文概论》、庐冀野的《中国戏剧概论》等散文、戏剧的文类专论，又有刘麟生《中国文学概论》、蔡正华的《中国文学思潮》等整体文学发展的综论。刘麟生在《中国文学丛书编辑旨趣》中指出："近年来关于中国文学的出版物，真正是风起云涌，盛极一时。可是大部头的著作，仍旧是寥若晨星。我们深深地感觉，一部完整的中国文学史，和一部完整的中国文学大纲，不是一件东西。前者是以时间性为经，以体类为纬；后者是以门类为经，以时间为纬。这两部书的功用，缺一不可的。本丛书的编辑，就是以中国文学大纲为对象。供读者对于中国文学有完整的知识和确切的了解。"②此外，世界书局还致力于戏剧书籍的出版，有中国戏曲音乐院研究所编的"中国传统戏曲丛书"，由孔另境主编、以现代话剧作品为主的"剧本丛刊"等。对于世界书局后期的图书出版，杨寿清关于1942—1944年间上海出版业的情况的分析，从某种程度来说对陆高谊图书策划和出版能力进行了肯定："在大书局方面，近年只有世界书局比较积极……各大书局见乎出版新书不能销行到全国各地，而且出书成本昂贵，深恐读者缺乏购买力量，一旦白纸上印了黑字，反而不容易随时销售，倒不如囤积着白报纸，利用排印资本去做别的商业，可以一本万利……书业方面，大概世界书局的几套丛书是比较有计划的，其余则大多只拣好销的出版。"③

陆高谊在主持世界书局期间，对教育事业和慈善事业也极为关注。据《申报》所载，他从1939年初起担任上海难民救济协会教育组常务委员，从1940年5月起担任工部局教育委员会委员；多次参与大中学生教育、就业

① 郑振铎《大时代文艺丛书序》，见邑人：《扪虱谈》，世界书局1939年版，第1—3页。

② 刘麟生：《中国文学丛书编辑旨趣》，见《中国文学概论》，世界书局1944年版。

③ 杨寿清：《上海沦陷后两年来的出版界》，见宋原放主编，吴道弘辑注《中国出版史料现代部分第2卷1937.7—1949.9》，山东教育出版社2001年版，第256—259页。

问题的演讲活动；先后参与发起创立成人义教会（1939）、华光戏剧专科学校（1940）、中国高级职业学校（1941）、集英中小学（1942），并担任讲师或董事。陆高谊还积极参与教育、慈善相关活动。陆高谊曾是成人义教会、华光戏剧专科学校、上海儿童图书馆、中国高级职业学校、集英中小学、中华业余图书馆等文化教育机构的发起者，曾担任讲师、劝募者或董事等职务。战时多难，陆高谊，还积极参与救济难民、平抑物价、协调购粮的活动。据查《申报》，1939 年他曾参与接洽洋行、垫款购买洋米的民食调节协会，担任理事、秘书；1940 年当选平粜委员会委员、法当局物价评议委员会委员；1940 年参与发起食粮合作协会，旨在推行小额食粮集体购买，不经米商之手，以免抬价；他还先后为中华慈幼协会、上海福幼院、临时救济难民协会募捐。[①] 因此，陆高谊不仅是世界书局后期运营的主导者，更是一位富有文化情怀，社会担当的优秀出版人。

---

① 李富春：《陆高谊与民国世界书局》，载《山东图书馆学刊》2013 年第 5 期。

第六章　章锡琛与开明书店

曹聚仁曾经说:"上海出版界有三个杰出人才:张静庐,他创办了上海杂志公司;李小峰,他创办了北新书局;章锡琛,他创办了开明书店,而章先生最为成功。开明书店,可以算是志同道合的一群著作人的共同事业。"[①]章锡琛创办的开明书店,汇聚了一大批在教育、文学、艺术和科学方面的才俊,如徐调孚、叶圣陶、顾均正、丰子恺等。"开明书店自一九二六年到一九四九年出版的书籍,先后约计一千四百数十种。内容是进步的多,外形是清新、美丽、典雅的,自成一种风格,独立为一个流派,以一种新的姿态出现在新出版业中。"[②]民国六大书局之一的开明书店,曾出版叶圣陶编写、丰子恺书写并绘插图的《开明国语课本》,《中学生》等中学课本和中学生课外读物。

第一节　章锡琛与开明书店

一、章锡琛与开明书店的创办

章锡琛(1889—1969),字雪村,又字君实。1889 年 4 月 20 日生于浙江会稽(今绍兴)县马山乡。先后进绍兴通艺学堂、山会简易师范和东文传习所等学校学习,曾任塾师、小学教师和师范学校教师。后进商务印书馆编译所任职,1926 年创办开明书店,是现代出版史上的重要人物。

在创办开明书店之前,章锡琛曾在商务印书馆做了近 15 年的编辑。

---

① 曹雷:《曹聚仁书话》,北京出版社 1998 年版,第 201 页。

② 莫志恒:《说说开明书店及其出版物的装潢艺术》,见中国出版工作者协会编《我与开明 1926—1985》,中国青年出版社 1985 年版,第 242 页。

1912年，23岁的章锡琛进入商务印书馆，起先协助杜亚泉编辑《东方杂志》，从事日文翻译工作。1919年，章锡琛被推荐为《妇女杂志》主编。接手主编后的章锡琛在周建人的协助下，调整编辑方针，对《妇女杂志》进行了大刀阔斧的改革，策划出版“妇女问题专号”，加大新文学刊发力度。鲁迅的小说《鸭的喜剧》《幸福的家庭》，影响广泛的杂文《娜拉走后怎样》，译文《小鸭的悲剧》《一篇很短的传奇》等都在《妇女杂志》刊发。《妇女杂志》还增设了《儿童领地》，提供各种平台，发动儿童等读者参与讨论。种种改革措施，使得《妇女杂志》杂志面目焕然一新，发行数量从原来的二三千份增加到一万多份。张静庐曾评价章锡琛主编《妇女杂志》说：“商务印书馆将《小说月报》改为新文艺刊物，接着杨贤江先生接编《学生》杂志，章锡琛先生接编《妇女》杂志，这是商务印书馆走向新的方面最活跃的时代。”[①]

随着《妇女杂志》改革的成功及其发行影响的增大，作为主编章锡琛的影响也日渐加大。1922年，章锡琛被《时事新报》邀请编辑《现代妇女》旬刊，为《民国日报》编辑《妇女周报》副刊。只是《妇女杂志》的改革也为章锡琛辞别商务埋下了伏笔。1925年，《妇女杂志》刊出“新性道德号”，章锡琛撰文《新性道德是什么?》，主张性生活必须以爱情为基础；周建人撰文《性道德之科学的标准》，这些文章在社会上引发公开争论，《现代评论》发表了陈百年的《一夫多妻的新护符》，指责章、周的文章是在主张纵欲。章、周二人又写了文章予以反驳，《现代评论》不予发表，后来发在鲁迅主编的《莽原》上。鲁迅在《集外集·编完写起》中对此事件发表评论：“我总以为章、周两先生在中国将这些议论发得太早，——虽然外国已经说旧了。”[②]“新性道德号”的收场是商务上层插手审查杂志清样，章锡琛被迫提交辞呈，于1925年12月底被商务当局辞退。

离开商务印书馆的章锡琛，在郑振铎、胡愈之、周建人等朋友的支持下，于1926年1月创办了《新女性》杂志。每个人拿出5元，当时参与的大约有四五十人，聚拢来的钱作为第一期的印刷费用，且参加者都要为《新女性》义务写稿。“章锡琛的事业心很强，对出版业务相当有经验，他一个人从编辑、校对、付印到发行，什么都干。这样就为这个杂志撑起了场面。”[③]只是当时办杂志并不赚钱，胡愈之、吴觉农等人建议同时出版一些图书，把

---

① 张静庐：《在出版界二十年》，江苏教育出版社2005年版，第83页。

② 鲁迅：《集外集·编完写起》，见《鲁迅文集全编1》，国际文化出版公司1995年版，第1299页。

③ 吴觉农：《我和开明书店的关系》，见中国出版社工作者协会编《我与开明1926—1985》，中国青年出版社1985年版，第82页。

杂志社改成书店。就这样,1926年8月开明书店,在上海宝山路宝山里六十号门口成立,主要发起人和策划者有章锡琛、夏丏尊、刘叔琴、丰子恺、胡仲持、胡愈之、郑振铎、孙伏园、钱经宇、吴仲盐等。对于这段经历,胡愈之在《纪念开明书店创建六十周年》中曾说过这样一段话:"从办杂志开始,靠几个知识分子办起来的书店,开明书店是第一家。"1928年,开明书店改组为"股份有限公司",资本增加到5万元。章锡琛推荐杜海生为经理,他自己为出版部主任,夏丏尊为编译所主任,章锡珊为发行所主任。后来叶圣陶、王伯祥也加盟书店。1933年,开明书店的函授学校开办。1934年,杜海生辞职,章锡琛任经理,范洗人任协理。

作为从《新女性》发展而来的书店,开明书店在创立之初出版的图书,大多围绕着妇女问题做选题,出版了一些关于妇女问题的书,如《妇女问题十讲》《新性道德问题讨论集》《结婚的爱》等。这既是章锡琛个人知识背景与影响力的自然延伸,也是创办之初各种局限所致。草创时期,章锡琛总管一切业务,兼编《新女性》月刊,赵景深分管来稿的审阅,索菲分管出版印刷,王蔼史分管校对,钱均陶分管音乐美术和书面设计。几个人配合,出版发行了很多受读者欢迎的好书。不过作为一个有能力的出版家,章锡琛并未局限在妇女问题,而是凭借其敏锐的出版洞见和气魄,调整出版方向,以务实的心态开创了开明书店的新格局。1929年12月开明书店将《新女性》主动停刊,废刊词说得十分清楚:"废刊的原因很是单纯,就是时代已经不需要了。"取代《新女性》的是创办于1930年的《中学生》杂志,开明书店也由此确立了以出版中学课本和中学生课外读物为主的出版方针。

关于书店的定位,开明书店二十周年时叶圣陶写过一篇纪念文章:"书店有各种做法。兼收并蓄,无所不包,是一种做法;规定范围,不出限度,是一种做法;漫无标的,唯利是图,又是一种做法。前一种做法需要大力量,不但财力要大,智力也要大,我们担当不了。后一种呢,与我们意趣不相容,当然不取。与我们最相宜的只有中间一种,就是规定范围的做法。"这种规定范围的出版理念其实就是锁定目标受众的行为:"我们把我们的读者群规定为中等教育程度的青年,出版一些书刊,绝大部分是存心奉献给他们的。这与我们的学识修养和教育见解都有关系。我们自问并无专家之学,不过有些够得上水准的常识,编选些普通书刊,似乎能胜任愉快。这是一层。我们看出现在的教育继承着旧教育的传统,而新教育继承着的旧教育的传统是没有效果的。我们也知道教育不是孤立的事项,要改革教育必须其他种种方面都改革,但是改革教育的意识不能不从早唤起,改革教育的工具不能不从早预备，这又是一层。”[①]正是这种服务青年成长、改革教育的出版理念，使得开明书店在出版机构林立的上海很快拓展了新天地。如在20世纪30年代影响广泛的《中学生》《开明少年》都是开明书店富有特色的主要刊物。曹聚仁在谈及中小书局时，尤其肯定开明书店服务青年的出版策略：“只有开明书店是成功的，他们不仅是书生，而且是很精明的市侩——可也不是铜气很重的市侩，他们都懂得文化事业的意义，以及把握读者心理的技术。他们办了《中学生》《开明少年》这两种很好的刊物，就替他们抓住了知识青年的心理。市侩加书生，他们是实践的人，并不是马二先生。”[②]开明书店出版的《中学生》杂志尤其受欢迎，被认为是“认真为学生着想的读物”，也是培育青年艺术家的园地：“《中学生》与青年读者的联系是亲切而紧密的，而其中最重要的，也是给有志青年人帮助最大的，是《中学生》转为中学生提供的习作园地。据我所知，有些青年就是在这块园地上经常发表文章或绘图，后来成为作家、新闻记者、美术家的，如彭子冈、徐盈、莫志恒（芷痕）、沈振黄等。”[③]

二、章锡琛与开明书店的经营和出版物

在开明书店早期，章锡琛曾做过图书的推广工作。在《从商人到商人》一文中，章锡琛回忆说：“书店里各董事公举杜海生先生做经理，把出版和推广部分的事情，派我担任，印刷所的事务，也由我管理；编辑的事务，从前归我担任的，改公司之后，却另请了夏丏尊先生做编辑主任，一直到现在为止。”[④]作为开明书店的经理，1927年章锡琛邀请夏丏尊主持开明的编务。1932年淞沪战争之后，商务印书馆总厂被毁，裁减职工，章锡琛力邀商务旧友王伯祥、顾均正、徐调孚、贾祖璋等到开明工作。在章锡琛的邀约下，开明书店汇聚了一支高水平的编辑队伍，有夏丏尊、叶圣陶、周予同、王伯祥、吕叔湘、傅彬然、顾均正、徐调孚、贾祖璋、周振甫、叶至善等人。开明在审稿和编辑加工方面，在封面题字、扉页插图、版面安排、校对装订等方面都有严格要求。“开明书店的事业，可以用切实二字来括之。……自从开明

① 叶圣陶：《开明书店二十周年》，原载《中学生》1946年第178期，见叶至善，叶至美，叶至诚编《叶圣陶集第6卷》，江苏教育出版社1989年版。

② 曹聚仁著，曹雷选编：《曹聚仁书话》，北京出版社1998年版，第203页。

③ 孙源：《我从这儿起步》，见中国出版工作者协会编《我与开明1926—1985》，中国青年出版社1985年版，第72页。

④ 章锡琛：《从商人到商人》，载《出版史料》1988年经4期。

书店登场，中国出版界才有认真为学生着想的读物。"[①]章锡琛"很看重与读者之间的联系，认为无论一家书店或一种杂志，都需要有读者一起来参与合作。他认真对待读者来信，亲自答复，并经常在杂志上选登出来。开明书店早期出版的图书，每本都附有一张'读者调查卡'，广泛征求读者对本书的批评意见，接受读者监督；还出版了《开明》和《读者俱乐部》两种不定期刊物，登载读者对开明书刊的读后感、意见以及出版信息等，免费赠阅"。[②]

叶圣陶认为："开明书店是一些同志的结合体……我们这些人在意趣上互相理解，在感情上彼此融洽，大家愿意认认真真做点儿事，不求名，不图利，却不敢忽略对于社会的贡献：是这么样的同志。这些同志能够读些书，写些文字，又懂得些校对印刷等技术方面的事，于是相约开起书店来，于是开明书店成立了。"[③]这家同仁书店，在章锡琛的筹划和运营下，不仅汇聚了一大批社会名流，而且成为当时很多有才学人士的"避难所"。20 世纪 40 年代，郭绍虞在北平失业，拒绝日本人接管的伪北大的聘请，郑振铎把他介绍给章锡琛。章锡琛二话不说，就欢迎他到开明，担任辞书编纂工作。开明工作人员汪曼之回忆说："先生本性仁慈，乐于克己助人，如有作家得知稿子已付印，为等急用宁肯出卖版权一次性取款时，先生总劝他：'卖掉可惜，这部书估计销路好的，便宜了我店里，你要多少钱，我借你……'"[④]他这种仗义的作用，为他在朋友们赢得了"老板"的戏称。其中最为典型的是章锡琛巨资给林语堂的佳话。据说，当时林语堂打算编写英文教科书的计划，托孙伏园代向书店联系，孙伏园和章锡琛联系就促成了此事。章锡琛答应林语堂的条件，每月预支 300 元版税作为生活费。章锡琛此举在当时有着不小的风险，处于初创期的开明资金一共才四五千元，营业额不大，每月支付 300 元是很大的负担，加之书编成后是否销得出去，还是一个未知数。但章锡琛觉得林语堂英文底子厚，水平高，值得尝试。这个决断，事后证明十分英明。据说，林语堂编写的这套《开明英文读本》采用很多文学故事做课文，文法和语文结合密切，加上丰子恺的插图，出版之后销路很好，成为开明书店最畅销的图书之一，开明因此获利良多。同时，开明书店和作者之间也建立良好的信任机制。吴祖光对开明书店之于作者的信任、出

---

① 曹聚仁：《我与我的世界》，载《新文学史料》1981 年第 1 期。

② 章士敫：《章锡琛与开明书店》，载《出版史料》2003 年第 3 期。

③ 叶圣陶：《开明书店二十周年》，载《中学生》1946 年第 178 期，见叶至善，叶至美，叶至诚主编《叶圣陶集第 6 卷》，江苏教育出版社 1989 年版，第 224 页。

④ 转引自章士敫：《章锡琛与开明书店》，载《出版史料》2003 年第 3 期。

版高效规范印象深刻。至1985年，已经过半个世纪的风云变幻，他的书籍稿件大都散失，可是居然奇迹地留有五份1946—1947年他与开明书店签订的《出版权授与契约》，契约上注明了共计31条有关双方的权利与义务的条规，书店都是严格遵守。[①] 冰心回忆说，1944年将《关于女人》交给开明书店出版，后来即使她远在日本，开明书店也照期不误地给北平的谢家寄去稿费。[②]

章锡琛的气魄与胆识，赋予开明出版物鲜明的个性与特色。《开明英文读本》以及开明国语课本等系列图书成为开明的主打图书，同时为青少年编写的《中学生》《文心》也都是有口皆碑的好读物。夏丏尊和叶圣陶编写的《文心》被认为是"动人心弦的作文指导和读书指导""抓住人心的书"，陈原觉得这两位作者是"心地善良，学问深，却又有丰富的教学经验"。他甚至认为《文心》是出版史上一件有意义的事，希望将来有人写近代中国出版史时，请不要忘记提它一笔。[③] 在黄裳眼中，开明书店的店面里是一片明亮的、生气勃勃的景象，新书多而印制精美，绝无大书店出品那种老气横秋的面目，可以看到文艺战线上的最新成果，甚至还经营寄售业务。这种在出版社与读者之间产生的情愫，是非常美好的，不容易忘记的。[④]

"开明书店是新民主主义革命中诞生的一个进步的书店。它为青年、少年和儿童出版了许多好书，还出版了许多中小学教科书，对于教育青年、少年和儿童起到了很好的作用。"[⑤]《开明活叶文选》是开明书店编辑出版中小学教科书的先声，与《开明英文读本》《开明算学教本》成为开明书店初期发行的三大教科书。[⑥] 这三种教科书的成功，加强了开明书店对教科书的编辑出版和发行的信心。这之后才有了开明书店出版各种教科书，有傅彬然编小学低年级用《常识课本》本册和高年级用《社会课本》四册；顾均正、

① 吴祖光：《对开明的依恋》，见中国出版工作者协会编《我与开明1926—1985》，中国青年出版社1985年版，第80页。

② 冰心：《我和开明的一段因缘》，见中国出版工作者协会编《我与开明1926—1985》，中国青年出版社1985年版，第2页。

③ 陈原：《我与开明书店》，见中国出版工作者协会编《我与开明1926—1985》，中国青年出版社1985年版，第6页。

④ 黄裳：《关于开明的回忆》，见中国出版工作者协会编《我与开明1926—1985》，中国青年出版社1985年版，第44—45页。

⑤ 胡愈之：《纪念开明书店创建六十周年》，见中国出版工作者协会编《我与开明1926—1985》，中国青年出版社1985年版，第40页。

⑥ 唐锡光：《开明的历程》，见中国出版工作者协会编《我与开明1926—1985》，中国青年出版社1985年版，第294页。

贾祖璋合编的小学高年级用《自然课本》四册，刘薰宇编的小学《算数课本》等。最为人称道的应该是叶圣陶编写、丰子恺书写并绘插图的《开明国语课本》。这套构思新颖、文图并茂的教科书一经推出，就广受教育界赞誉和儿童读者的欢迎，曾先后印行 40 余版次。1940 年代末，还分别改名为《幼童国语读本》《少年国语读本》修订出版。作为一部顺应教科书儿童文学化趋势的教材，在编辑要旨中，叶圣陶明确强调："本书内容以儿童生活为中心。取材从儿童周围开始，随着儿童生活的进展，逐渐拓张到广大的社会。与社会、自然、艺术等科企图作充分的联络，但本身仍然是文学的。""本书尽量容纳儿童文学及日常生活上需要的各种文体；词、句、语调力求与儿童切近，同时又和标准语相吻合，适于儿童诵读或吟咏。"①为了更好适应儿童读者的文学接受水平，叶圣陶花了整整一年时间来编写了《开明小学国语课本》。他说："初小八册，高小四册，一共十二册，四百来篇课文。这四百来篇课文，形式和内容都很庞杂，大约有一半可以说是创作，另外一半是有所依据的再创作，总之没有一篇是现成的，是抄来的。……在这里提出来，希望能引起有关同志的注意。"②《开明国语课本》中改编或者说再创作的作品达 200 多篇：既有对本土童话、寓言、小说、民间故事的改编，如《比老虎更凶猛的东西》《景阳冈》《河神的新娘》，又有对域外小说、人物传记的再创作，如《荒岛上的鲁滨逊》《达尔文》等。

《开明活叶文选》可谓章锡琛创新出版精神的一种体现，从此活叶文选成为一种新的出版形式。《开明活叶文选》是中学及中学以上学校语文教学的补充读物，精选名作佳品，涵盖议论文、记叙文、小说、诗歌、戏剧等文体，语言上有古文、白话文；形式灵活，售价便宜，可单册出手亦可装订保存。据不完全统计，截至 1936 年，开明书店共出版《开明活叶文选》1600 多种，在社会上产生广泛的影响。印制《开明活叶文选》的排印以及代客装订等工作很烦琐，加之开明对排印装订的质量要求很高，为此一般印刷厂都不愿意承担，于是章锡琛奔走集资，筹备成立了美成印刷所，专为开明排印书刊。

开明书店出版了影响深远的儿童文艺图书，如"世界少年文学丛刊"。该丛书由徐调孚、顾均正与赵景深主编，1930 年开始出版，是一套开放性文

---

① 叶圣陶：《小学初级学生用〈开明国语课本〉编辑要旨》，见《叶圣陶语文教育论集》，教育科学出版社 1980 年版，第 166 页。

② 叶圣陶：《我和儿童文学》，见叶圣陶、冰心等：《我和儿童文学》，少年儿童出版社 1980 年版，第 9 页。

学丛书，也是外国儿童文学在中国译介的集大成之作，囊括了诸多名著名译，有顾均正译的《宝岛》、徐调孚译的《木偶奇遇记》、夏丏尊译的《爱的教育》和《续爱的教育》、戴望舒译的《鹅妈妈的故事》、胡愈之译的《猪的故事》、孙立源译的《伊索寓言》、唐锡光译的《鲁滨逊漂流记》和赵景深译的《安徒生童话》等等。“世界少年文学丛刊”的出版，轰动一时，成为开明书店的热门书，其中夏丏尊翻译的《爱的教育》更是家喻户晓的畅销书。更为重要的是，该丛书是明确以儿童本位论观念指导的儿童文学出版行为。徐调孚曾为该丛书撰写广告《一个广告——世界少年文学丛刊》，广告对儿童的阅读特性和文学需求有深刻观察与思考。他指出：“我们应给他们的生活以愉快；我们应满足他们游戏的精神；我们应予他们以正确的观察的能力；我们应扩展他们情绪的力量；启发他们想象的能力，训练他们的记忆，运用他们的理性；我们应增加他们对于社会的关系的强度……，于是，我们要给他们以文学，适宜于他们的文学，他们自己的文学。”①徐调孚对读者年龄和接受特点进行分析，指出不同年龄孩子应给予不同的文学内容：1 岁到 3 岁是婴儿期，3 岁到 10 岁是幼儿期，这又细分为两期，6 岁以前为前期，6 岁以后为后期，10 岁到 15 岁是少年期，15 岁到 20 岁是青年期。幼儿期以奇异幻想为尚，童话故事儿歌等是适宜于这期的。少年期为浪漫的情绪发达之期，小说神话传说等是最适宜的了。“世界少年文学丛刊”的目标受众为少年期和幼儿后期的读者：“我们在这里所称为的‘少年文学’，自然是适用于少年期的，然而其中一部分却也适宜于后期幼儿期的。”为此，编者依据对儿童年龄特征和接受特点的精准判断，主张不同年龄段施以不同文体的文学读物。同时，该丛书的出版还十分看重插画、印刷和装帧等方面的质量。“我们认为粗纸错字的印刷，对于读者是一种侮辱，尤其是儿童。我们在这里将尽量地加入美丽的插图，印刷和装帧，都以美观为前提。”②如英国儿童文学中的 Kenneth Grahame 的 *the Wind in the Willows* 由尤炳圻译为《杨柳风》，该书特邀丰子恺精心制作了 10 余幅插图，又有周作人作序。叶圣陶评价该书是“难得的少年读物”，指出：“这是专给少年看，或是心里还有少年精神活着的人们看的书。这是生命、目光、流水的书，尘土飞扬的路边和冬天的炉边的书。经尤炳圻先生用道地的国语译出，忠实流畅。书前有周作人先生的新序，由丰子恺先生精心制作插图十余幅。是难

---

① 徐调孚《一个广告：世界少年文学丛刊》，《文学周报》4 卷 5 期，1926 年 12 月 17 日。

② 徐调孚：《一个广告——世界少年文学丛刊》，《文学周报》4 卷 5 期，1926 年 12 月 17 日。

得的少年读物。"①

"世界少年文学丛刊"的主体构成是域外儿童文学名著，但也收录了叶圣陶的《稻草人》、冰心的《寄小读者》等本土原创儿童文学。在儿童文学之外，开明书店对新文学的推动和扶植不遗余力，彰显了可贵的勇气。丁玲说："开明书店一直是一个严肃的书店，负责编辑的先生们是有思想的，对读者是负责任的。他们不趋时，不务利，只是要为祖国的文化事业贡献力量。他们团结了很大一部分进步的、革命的作家，出版了一系列经得起历史考验的好书。"②丁玲的这一番评价是基于她与开明书店的合作经历。丁玲的第一本小说集《在黑暗中》就是在开明书店出版的。开明书店曾出版了很多作家的"第一本书"。如巴金的第一篇长篇小说《灭亡》，臧克家的第一本诗集《烙印》，高士其的第一本科普作品《细菌与人》，丰子恺的第一本画集、第一本随笔集、第一本译作都是在开明书店出版的。又如端木蕻良的第一本长篇小说《科尔沁旗草原》，郑振铎有意将它编入商务印书馆主编的一套文学丛书，但当时商务印书馆认为有"有违碍之处"拒绝出版，后来稿子给了开明书店，不经任何删节，按照原稿，很快就付排了。秦牧的第一本书也在开明书店出版，当时日军长驱侵入湘桂，秦牧到了重庆，穷困潦倒，无以为生，有朋友建议编一本杂文集送去开明出版。秦牧抱着试试看的心情，编了六七万字的杂文，叶圣陶认真审稿之后得以出版，就连《秦牧杂文》的书名也是叶圣陶给起的。③ 这充分体现了开明书店对"无名青年"的培养与扶植。

在古籍的整理与出版方面，《辞通》的出版是值得称道的重要事件。《辞通》出版于1934年8月，该书由浙江海宁的朱起凤倾注30年心血，从古书中搜集可以相通的双音词编辑而成，原名为《读书通》，共计300万字，在音韵、通假、训诂学方面都有巨大的学术价值。1918年，朱起凤携书稿到上海，多方联系出版事宜被拒。1926年后，书稿曾托郑振铎、胡适等人转给王云五被拒，中华书局、文明书局、群学社等各大小书局，皆因其书稿篇幅极大，内容专门，生僻字较多，排版困难，出版销路不佳等诸多出版风险都未能接受。胡适曾感叹："不幸这一部300万字的大著在那个时代竟寻不着

---

① 叶圣陶：《世界少年文学丛刊》，见叶至善，叶至美，叶至诚编《叶圣陶集第18卷编辑出版工》，江苏教育出版社2004年版，第367页。

② 丁玲：《感谢与祝贺》，见中国出版工作者协会编《我与开明1926—1985》，中国青年出版社1985年版，第17页。

③ 秦牧：《赞开明书店》，见中国出版工作者协会编《我与开明1926—1985》，中国青年出版社1985年版，第57页。

一个敢冒险的出版者去承印。现在开明书店的几位先生竟敢担负这部大书的印行。”[①]1930 年，书稿经徐调孚转到章锡琛手上，富于出版魄力的章锡琛冒着巨大的出版风险答应承印这部巨著。他曾对宋云彬说：“朱丹九(起凤)先生竭尽毕生精力，写成这样一部大著作，不但应该给他出版，也应该多送点稿费，让先生晚年过得舒服些。”接了书稿之后，章锡琛安排书店编辑进行了系列工作，聘请宋云斌主持编辑，请周振甫、卢芷芬协助。把这部书的原名《读书通》改为《辞通》，照辞书的一般排法，排成两巨册。这书原来按韵排的，不便检查，他又给它编了个四角号码索引。经过四年认真负责的编辑排印，1934 年正式出版。出版之后，开明书店积极进行推广，如请章太炎、胡适、钱玄同、刘大白、林语堂写序来推介这部书，指出它在学术上的地位和它的实用价值。结果，《辞通》的销售取得了可喜的业绩。朱起凤先生之子吴文祺在《〈辞通〉与开明书店》中说有“一件出乎意料的事，多数人的顾虑——以为此书太专门，销路不大，会亏本——谁知开明发预约券一万张，在两个月内售罄，于是又加印了数万册，仍然供不应求”[②]。开明书店还出版了《二十五史》《二十五史补编》《六十种曲》《清名家词》《快阁师石山房丛书》《十三经索引》等重要古籍。这些古籍的出版依然本着为读者考虑的意识：“《二十五史》，当时以三十六元低廉的价格，能买到普通至少需要一百多元才能买到的史籍，更是难能可贵。它厚装 9 大册，翻阅既很方便，携带更不困难。它几乎成为我毕生常带的书籍，目下还在翻阅中。”[③]

第二节　徐调孚等浙江才俊与开明书店

开明书店在上海纪念成立 20 周年，章锡琛在纪念会上报告店史时曾坦言：“虽然人家说开明是我创办的，但实在是许多朋友促成，并不是我有意要办书店，那时主张办书店最有力的是胡愈之、吴觉农两先生；尽力帮助创办的是钱经宇、郑振铎诸先生；至于开明这个店名，是孙伏园先生取的，第一块招牌也是孙先生写的。”在章锡琛看来，开明的成立和发展，包括抗

---

① 胡适：《辞通序》，见黄保定、李维龙选编：《胡适书评序跋集》，岳麓书社 1987 年版，第 274 页。

② 吴文祺：《〈辞通〉与开明书店》，见中国出版工作者协会编《我与开明 1926—1985》，中国青年出版社 1985 年版，第 215 页。

③ 杨荫深：《忆开明怀夏师》，见中国出版工作者协会编《我与开明 1926—1985》，中国青年出版社 1985 年版，第 101 页。

战中遭受重大损失依旧得以维持、恢复，都赖于朋友和同事们的帮助，即“众人扶持”。[①] 无论是在文章中还是在其他正式场合，章锡琛总是强调，他当初并不是有意要开办书店，而是由朋友们促成的；开明作为一种事业，它的成功，是一帮志同道合的朋友共同努力的结果。[②] 开明书店的良好运营及其对现代出版文化的贡献离不开一大批浙江才俊的鼎力支持。吴觉农曾说，开明人大多是同乡、同窗或者同事之谊的老关系，彼此意气相投，私交甚笃。从籍贯上说，主要是浙江绍兴一带人，杭州一师和上虞春晖中学的教员。大家把开明当作集体的事业，关心它的成长和发展。[③] 这一说法得到了曹聚仁的印证。曹聚仁说：“一般人只知道绍兴的特产是‘酒’和‘师爷’，其实，‘学幕’和‘钱庄’是绍兴人的传统，由钱庄而转入出版业，他们也是得风气之先的。”“在我们看来，‘开明’却是最富绍兴气氛的书店。所谓‘绍兴气氛’，即是‘钱官’的气氛，比‘师爷’更现实些。”[④]这样的评价很是契合开明书店及章锡琛作为出版人的精明经营策略。开明书店创办之初，尽管得到郑振铎、沈雁冰、叶圣陶、赵景深、夏丏尊、胡愈之、周建人、王伯祥、徐调孚、顾均正等友人的鼎力支持，但是在资金筹措方面依然窘迫。好在有胞弟章锡珊的支持。章锡珊当时任商务印书馆沈阳分馆的经理，对发行工作很有办法，为了支持章锡琛在开明的出版事业，章锡珊辞去了商务印书馆职务，转投开明，主持发行的工作。胡愈之尽管没有主持开明的工作，但是在不同的时期给予开明诸多的支持和帮助。即使在1930年代初去法国，依然不忘记为开明书店了解西方书籍装订技术，提高开明书店出版书籍的装帧水平。担任总编辑的夏丏尊，还有徐调孚、顾均正、宋云彬、王伯祥、贾祖璋、傅彬然、周予同、周建人等等都是绍兴人。

徐调孚(1900—1981)，浙江平湖市乍浦人，原名骥，字调孚，笔名蒲梢，现代著名翻译家、古代文学研究专家。1921年4月徐调孚考入商务印书馆英文函授学校部工作，后来以补习生的资格进入商务印书馆编译所。1923年，徐调孚加入文学研究会，其写作和编辑才能为郑振铎赏识而受邀参与编辑《小说月报》，成为郑振铎的得力助手。徐调孚一直从事《小说月报》的编辑工作，1927年之后，他协助叶圣陶编辑《小说月报》。叶圣陶曾回忆说：

---

① 章士敭：《章锡琛先生传略》，见中国出版工作者协会编《我与开明 1926—1985》，中国青年出版社1985年版，第176页。

② 王余光，吴永贵：《中国出版通史 8 民国卷》，中国书籍出版社，2008年版，第258页。

③ 吴觉农：《我和开明书店的关系》，见中国出版工作者协会编《我与开明 1926—1985》，中国青年出版社1985年版，第82—83页。

④ 曹聚仁著，曹雷选编：《曹聚仁书话》，北京出版社1998年版，第198—199页。

"在那个时期,《小说月报》刊登了不少新作者的作品,好几位作者后来成了名。因此近年来常有人提起,说这是我的功劳,我以为这样说并不切当。……《小说月报》的工作是调孚和我共同做的,有许多好作品正是调孚在成堆的来稿里发现的。那时给《小说月报》投稿的作者可能还记得,他们收到的复信有些正是调孚写的。"[①]这些被发现的稿子就有丁玲的成名作《莎菲女士的日记》。在叶圣陶眼中,徐调孚十分能干,"跟制版厂、排字房、印刷所、装订所打交道,当然是出版部的事,还有版式设计和装帧设计,出版部也要管,此外还要管发稿计划和出书计划"。由此足见徐调孚的文学判断和编辑能力。1931 年 9 月,徐调孚接替郑振铎主编《小说月报》。1931 年"九一八"事变后,《小说月报》停刊,徐调孚加入开明书店。进入开明书店之后,徐调孚继续勤奋默默工作。"他进了开明书店以后,《中学生》月刊和许多书刊,也都是他做了从组稿、审稿、发稿付排,到校对、看清样这一系列工作。但是没有一本书上印着他的名字。他是编辑队伍里的无名英雄。但是,文艺界的人,都知道徐调孚的为人。"[②]

早在加入开明书店之前,徐调孚就与开明书店有来往,其中最为人称道的是他参与翻译的"世界少年文学丛刊"。这是他与顾均正、赵景深一起翻译的现代儿童文学史上很有影响的一套译丛。丛书中有徐调孚从英文本转译的意大利童话作家科洛提的《木偶奇遇记》。这部童话曾经在《小说月报》上连载过,开明出版了单行本,十分畅销。徐调孚还翻译了安徒生童话《母亲的故事》,内收《火绒匣》《顽童》《丑小鸭》《雏菊》《牧豕人》《荞麦》《一个母亲的故事》《国王王后和兵士》等 8 篇。加入开明书店之后,徐调孚曾任开明书店出版部主任,编审部主任。"调孚管得更宽,许多作者本来是他的熟朋友,就由他出面联系。"[③]他和很多作家有广泛的联系,当时开明书店出版了不少文学作品,著名的如茅盾的《虹》《蚀》《茅盾短篇小说集》,巴金的《灭亡》《新生》《家》《春》《秋》等长篇小说和短篇小说、散文集,夏衍的剧本《上海屋檐下》《水乡吟》,吴祖光的剧本《风雪夜归人》《林冲夜奔》《正气歌》《少年游》等,施蛰存的散文《灯下集》都是徐调孚组来的。这些与徐调孚良好的人际交往能力和独到的编辑眼光是分不开的。端木蕻良《〈科

① 叶圣陶:《追怀调孚》,见宋应离,袁喜生,刘小敏编:《20 世纪中国著名编辑出版家研究资料汇辑第 5 辑》,河南大学出版社 2005 年版,第 31 页。

② 施蛰存:《缅怀开明》,见中国出版工作者协会编《我与开明 1926—1985》,中国青年出版社 1985 年版,第 65 页。

③ 叶圣陶:《追怀调孚》,见宋应离,袁喜生,刘小敏编:《20 世纪中国著名编辑出版家研究资料汇辑第 5 辑》,河南大学出版社 2005 年版,第 31 页。

尔沁旗草原〉在开明》中的一段回忆，从一个侧面解释了诸多文学家缘何对徐调孚如此信任："八一三"战事发生之后，商务涵芬楼的很多孤本烧毁，开明书店在虹口区的编译所和印刷厂也为战火烧毁。一日，端木蕻良去茅盾家，茅盾从里屋取出一个小包，用手轻轻打开，竟然是《科尔沁旗草原》的手稿——这是徐调孚冒着大火，到印刷厂抢救出来的。[①] 在新文学出版之外，徐调孚还编辑出版了一批有影响的古典文学书籍，主要有：《中国文学名著诗话》《西厢记》《琵琶记》《元曲三百首》《诗经》《离骚》《乐府诗集》《古诗源——唐诗三百首》《水浒》《三国》《西游记》《红楼梦》等。其中《六十种曲》《辞通》《二十五史》被郑振铎称赞为"扛鼎之作"。尽管有上述成绩，但徐调孚依然是一个低调的人。"他在开明工作时，凡是文史方面的稿件，不论同作者联系，拟定选题，征集作品，审读稿件，批注版式，发稿，甚至看校样，什么工作他都做。"[②]

徐调孚之外，开明书店的发展与经营还凝聚着顾均正、夏丏尊、丰子恺等众多浙江才俊的智慧与心血。顾均正（1902—1980），笔名振之，浙江嘉兴人。"顾先生是非常典型的中国知识分子，诚挚、善良，一直默默地辛勤地工作着。"[③]1923 年 8 月，顾均正考进商务印书馆编译所，分配到理化部编辑理化读物，后来调到《少年杂志》当编辑，撰写了许多深入浅出、通俗易懂的关于物理和化学的文章，同时，他还对儿童文学读物的翻译和编辑很有兴趣，曾翻译有《格林兄弟》和《安徒生童话》。"世界少年文学丛刊"就是他和徐调孚等人策划编辑。1928 年，顾均正加入开明书店，任编辑和编辑部主任，主要致力于科学读物的编辑和写作。20 世纪 30 年代起，主编《中学生》，向青少年介绍科普知识，翻译过《化学奇谈》《乌拉拨拉故事集》等科普读物。编务之外，顾均正还创作了《和平之梦》《伦敦奇疫》等科学幻想小说，是中国科学文艺早期的倡导者和编著者之一。夏丏尊（1886—1946），浙江绍兴人。在开明书店创办之初任编译所所长，翻译了《爱的教育》等作品，还主持教科书等出版物的编辑出版，后任开明书店总编辑。他与叶圣陶等人合作编写了多套国文教科书都备受称誉，主要有 1934 年他与叶圣陶合著的读写故事《文心》，该书的影响很大，几乎成为中学生的必读书。

---

① 端木蕻良：《〈科尔沁旗草原〉在开明》，见中国出版工作者协会编《我与开明 1926—1985》，中国青年出版社 1985 年版，第 19 页。

② 周振甫：《作者的知音徐调孚》，见中国出版工作者协会编《我与开明 1926—1985》，中国青年出版社 1985 年版，第 171 页。

③ 黄裳：《关于开明的回忆》，见中国出版工作者协会编《我与开明 1926—1985》，中国青年出版社 1985 年版，第 46 页。

1935年他与叶圣陶合著《国文百八课》，这是20世纪30年代颇具特色的国文教科书。此外他还与叶圣陶、宋云彬、陈望道合著《开明国文讲义》；1938年他与叶圣陶合著《阅读与写作》《文章与讲话》等。[①] 傅彬然（1899—1978），浙江萧山人，1931年由夏丏尊介绍进开明书店当编辑，与叶圣陶一起负责编辑《中学生》，后来任开明书店编审部主任、《中学生》杂志社主编等。丰子恺（1898—1975），浙江省石门县（今桐乡）人。叶圣陶和丰子恺合作的《开明国语课本》是开明书店备受赞誉畅销一时的出版物。此外开明书店的商标——一本立着散开页的书，书上闪着太阳的光芒，也是丰子恺设计的。

① 傅红英：《夏丏尊评传》，中国社会科学出版社2012年版，第300页。

第七章 张一渠、吕子泉等文化浙商与儿童书局、大东书局

第一节 张一渠和儿童书局

20世纪30年代，张一渠创办了儿童书局，这家致力于儿童书刊编撰出版的机构，以其服务于儿童读者的独特理念很快在出版机构林立的上海扎根生长。幼教宗师张雪门、儿童教育专家陈鹤琴、平民教育家陶行知、儿童文学大家陈伯吹等都曾鼎力支持儿童书局的发展。儿童书局出版了周作人的《儿童文学小论》、葛承训的《新儿童文学》等理论论著，还有分级出版的《儿童杂志》《儿童半角丛书》，为蔡元培推崇的《分部互用儿童国语教科书》，名噪一时的畅销书《穷儿苦狗记》，等等。儿童书局的创办和发展成为中国童书出版史上浓墨重彩的一笔。在经历了20世纪三四十年代的辉煌与波折之后，1950年儿童书局由上海军事管制委员会接管，参加了通联书店和童联书店，改组为公私合营新儿童书店，后来并入中国少年儿童出版社。①

一、张一渠和儿童书局的创办

张一渠(1895—1958)，浙江余姚人。张一渠毕业于浙江第五中学，后就读于浙江法政学堂，周作人曾是张的教员。张一渠因故未能从法政学堂毕业，回乡于余姚县立高等小学任国文老师五年，嗣后应聘从政，出任余姚县政府第一科科长、县参议员等职务。1928年来沪供职上海总商会，主编一份《商情月报》。1929年应上海泰东图书局赵南公之聘任书局经理。儿

---

① 叶再生:《中国近代现代出版通史(第四卷)》，华文出版社2002年版，第479页。

童书局的出版标记是两朵盛开的花朵，以黑构图为主，在花朵之中写有“儿”与“童”两字，如童话一般，颇有儿童情趣。这家致力于儿童书刊编撰出版的机构，以其服务于儿童读者的独特出版理念从此在出版机构林立的上海扎根生长。

儿童书局的创办过程大致如下。1930 年，张一渠初集资创办儿童书局，店址在浙江路同春坊住宅楼下，在一年内出版了不少供小学生阅读的书刊。由于各种出版物图文并茂，印刷精美，其内容适应儿童教育的需要，因而获得上海教育界及学校教师的重视，业务发展极为顺利。次年春张一渠辞去泰东图书局经理职务，专心经营儿童书局，扩大范围，从合资经营改组为股份有限公司，资金增至 3 万元，自任经理，石芝坤任董事长①。因原址房屋不宽，乃迁址至广东路西段，正式成立门市部。又一年，迁至福州路 424 号，即现在古籍书店的地址。那是当时新建的出租市房，底层两大间为门市部，二楼为管理部，三楼为编辑部，另设仓库于成都北路 999 号。在张一渠的全力主持下，再次增资至 10 万元，潘公展出任董事长，职工人数逐步增加到 40 余人。当时书局已颇具规模，有日新月异之势。

从创办时起至 1937 年止，6 年多的时间里，儿童书局出版各类儿童读物和教育书籍约 1000 种，其中丛书 20 余种，期刊 6 种，畅销全国各地。初设分店于本市四川北路，继而先后设分店于广州、汕头、汉口、长沙、重庆、成都、昆明等地。如 1931 年，儿童书局推出了由丁柱中、陈鹤琴主编，陶行知校订的“儿童科学丛书”。如丁柱中撰著的《点的把戏》，董纯才编述的《螳螂生活观察记》《植物标本制作法》《养兔》，听雨撰著的《空气的科学把戏》，白桃撰著的《水的科学把戏》，白桃编述的《霜・雪》，何日平编述《儿童度量衡》，方与严编述的《种麦》，方与严编述的《蔬菜一年种到头》(上中册)，等等。

时过境迁，民国以来第一家以出版儿童读物为主的书局——儿童书局，这家曾经在中国童书出版史上有过重要建树的出版机构，在中国出版史、儿童文学研究等领域都很少被人提及、关注和研究，甚至儿童书局的创办时间都未能形成定论。

陈伯吹在给陈梦熊的一封谈及儿童书局的信中回忆道：儿童书局创立于 1932 年，先设立在浙江南路；两年后因营业发展，出版图书畅销，迁移至福州路(福建路东首)新址。创办人为绍兴张一渠，能书善文，系周作人在中学任教职时的学生。对于陈伯吹提供的儿童书局创办年份，陈梦熊也有

---

① 楼炜春：《儿童书局及其创办人张一渠》，载《出版史料》1990 年第 1 期。

些困惑："儿童书局创办的年份，《上海出版志》列为1930年2月，《老上海名人名事名物大观》列为1931年，伯吹老所述是1932年，各有一年之差，究竟何者为准？尚得作进一步查考。"①陈梦熊的疑惑从一个侧面反映了研究界对儿童书局关注欠缺的情况。

其实，在1989年和1990年曾有两篇谈及儿童书局创办时间的文章：《解放前出版社简介》和《儿童书局及其创办人张一渠》，这两篇文章都指出儿童书局创办于1930年。《解放前出版社简介》指出："1930年2月成立于上海。出版晓庄丛书、儿童科学丛书、儿童学术丛书、工学团丛书、儿童新史地丛书、集美小学教育丛书、儿童文艺丛书、卫国健儿丛书、民间文学丛书等等，以及陶行知、陈鹤琴的著作，周作人的《儿童文学小论》《儿童剧》等。由张一渠、石芝坤等人合资创办。"②《儿童书局及其创办人张一渠》详尽介绍了儿童书局的创办、发展经过及创办人张一渠的相关情况："在1930年初集资创办儿童书局，即在浙江路同春坊住宅楼下辟为店址，在一年内出版了不少供小学生阅读的书刊。……次年春张一渠辞去泰东图书局经理职务，专心经营儿童书局，扩大范围，从合资经营改组为股份有限公司，资金增至3万元，自任经理，石芝坤任董事长。"③

再如，台湾学者邱各容在《不教儿女夺天真的张一渠》中指出："一渠在泰东经营出版工作中，他喜爱上了儿童读物的朴真，遂于十九年返乡向祖父小巢公商得资金，即在住家上海五马路同春坊巷内楼下辟一小间创立儿童书局。晚间公毕回家，即致力于研读撰写儿童读物。常用的笔名是徐晋。"④据笔者查阅，关于儿童书局创办于1930年的说法沿用较多，如20世纪90年代之后出版的《出版词典》《上海文化源流辞典》《近现代上海出版业印象记》《上海出版志》《浙江省出版志》等。

也有学者持论儿童书局创办于1931年。熊月之在其主编的《老上海名人名事名物大观》《上海名人名事名物大观》中认为儿童书局创办于1931年，但是其文并未给出支持该说法的实证。同样是邱各容，在另一篇文章《全国第一家儿童书局创办人——张一渠》中认为儿童书局创办于1931年，原文如下："他在创设儿童书局以前，是在上海泰东书局当经理，担任出版工作。后来他感到当时国内缺乏儿童读物，就在"民国"二十年春天，辞

① 陈梦熊：《陈伯吹谈儿童书局的信》，载《出版史料》2004年第1期。

② 倪墨炎：《解放前出版社简介》，载《出版史料》1989年第2期。

③ 楼炜春：《儿童书局及其创办人张一渠》，载《出版史料》1990年第1期。

④ 邱各容：《不教儿女夺天真的张一渠》，《儿童文学史料初稿1945—1989》，富春文化事业股份有限公司1990年版，第137页。

去泰东书局的工作，独资创设儿童书局，聘请了许多专家学者编撰适应儿童需要的书刊，开启了我国儿童读物的新运。”[①]值得指出的是，该文附录了张一渠先生年谱，其中写道：“民国19年独资创办儿童书局于上海五马路同春坊巷内。民国20年辞去泰东书局职务，儿童书局改为股份有限公司。”[②]可见，邱各容是将张一渠创办儿童书局与辞去泰东书局职务的时间混淆，致使出现了儿童书局创办时间或1930或1931年的矛盾之说。

那么，儿童书局究竟创办于哪一年呢？笔者以为，儿童书局创办于1930年，何以为证呢？这在周作人的《儿童文学小论・序》中有清晰交代。周作人在介绍《儿童文学小论》出版经过时，明确指出儿童书局的创办时间：“张一渠是我在本省第五中学教书时的同学。……十九年冬忽然接到张君来信，说现在上海创办儿童书局，专出儿童一切用书，叫我给他帮忙。这是我很愿意做的，因为供给儿童读物是现今很切要的工作。……写信告诉张君，他也答应了，结果是这一册《儿童文学小论》。”[③]相对于陈伯吹“就记忆所得，大体如此”的陈述，周作人写于1932年2月15日序言无疑更为可靠。

实际出版物，尤其是现珍藏于全国各大图书馆的出版物无疑是考证儿童书局创设时间更为直观的证据。尽管儿童书局出版于1930年的实物留存的不多，但这些凤毛麟角的存在依然能揭开历史的迷雾。如徐培仁译《安徒生童话全集》(第1卷)于1930年9月初版，至1932年9月已经出版4版。再如现藏于北京、上海图书馆，由徐培仁等人编著的《中国民间趣事集》三卷本的初版时间为1930年7月。再有劳春华的《儿童实用书信》出版于1930年11月。1931年的出版物也很多，有陈鹤琴、宋文秉、宗振寰主编的“分年儿童图画诗歌”(12册)，还有《安徒生童话全集》的第2卷和第3卷；由丁柱中、陈鹤琴主编，陶行知校订的“儿童科学丛书”等。基于以上出版物的实证，1930年儿童书局确已创建且步入儿童读物出版的正轨了。

---

① 邱各容：《全国第一家儿童书局创办人——张一渠》，见《儿童文学史料初稿1945—1989》，富春文化事业股份有限公司1990年版，第128页。

② 邱各容：《不教儿女夺天真的张一渠》，见《儿童文学史料初稿1945—1989》，富春文化事业股份有限公司1990年版，第145页。

③ 周作人：《儿童文学小论・序》，见钟叔河编《周作人文类编与上下身性学儿童妇女》，湖南文艺出版社1998年版，第725—726页。

二、作家资源的汇聚与编辑队伍的建设

儿童书局的创办人张一渠在上海的福州路鼎鼎有名，“这条书店充盈的大街上，一渠先生的名气之大，仅次于商务印书馆的王云老而已”①。在张一渠的运筹帷幄之下，儿童书局在创设之初就显示出宏阔的出版格局和非凡的运营能力，这集中体现为编辑队伍和作家资源的建设方面。

张一渠诚邀周作人、丰子恺等教育界、文化界名人参与，博取其支持。周作人是张一渠在浙江省第五中学读书时的老师，他就去信约稿，这就有了《儿童文学小论》一书，此后周作人的《儿童剧》也在儿童书局出版。丰子恺则在《儿童故事》月刊上发表漫画，配以诗歌，童话和短文，编成《幼幼画集》。张一渠还积极邀约在教育界、文学界活跃的研究者、创作者参与儿童书局的编辑出版工作，如教育界的陶行知、陈鹤琴、吴研因等，文学界的董纯才、白桃、楼适夷等。楼适夷译介的《穷儿苦狗记》是儿童书局行销一时的畅销书，他还以林逸之的笔名写了《童年立志成功记》《世界发明家故事》等。此外，著名教育家陈鹤琴、俞子夷的许多著作陆续交给儿童书局出版。陶行知教育论文集《普及教育》《普及教育续集》《教学做合一讨论集》以及教育小说《古庙敲钟录》等都是儿童书局的出版物。俞子夷还为书局编辑《教师之友》，这是一份研究儿童教育实际问题的刊物，既有理论，又介绍教学材料，内容丰富，影响甚大，在全国各地盛销不衰。

儿童书局积极挖掘并培育丰富的出版文化资源，即从外来文学资源的译介和对传统文化的整理汇编双重维度进行。五四以来，随着域外儿童文学译介的广泛开展，《安徒生童话》的译介出版已蔚然成风。儿童书局在创设之初，就出版了徐培仁译的《安徒生童话全集》(第 1 卷，初版于 1930 年 9 月)，内收《银先令》《蜗牛和玫瑰花树》《小阿达的花》《大克劳斯和小克劳斯》《拇指丽娜》等 6 篇，卷首有译者序，每篇前有译者写的内容提要。该书推出之后就深受读者欢迎，至 1932 年 9 月已经出版 4 版。1931 年 7 月和 10 月又出版了《安徒生童话全集》的第 2 卷和第 3 卷。此外，儿童书局出版的外国儿童文学译作还有《穷儿苦狗记》《爱米尔捕盗记》《苦儿努力记》等。与域外儿童文学译介并行的是对中国传统文化资源的整理与转化，如对童谣、民间故事、传说的整理与出版，有《历代童谣故事集》《中国民间趣事集》

① 邱各容:《全国第一家儿童书局创办人——张一渠》,《儿童文学史料初稿 1945—1989》,富春文化事业股份有限公司 1990 年版,第 128—129 页。

等，另外还有“近人故事丛书”“中国名人故事丛书”“寓言故事画丛书”“滑稽故事丛书”等。

汇聚了优秀的作家和出版资源的同时，张一渠对编辑队伍的建设投注了特别的重视。1934 年 1 月，徐晋如愿请到陈伯吹担任儿童书局编辑部主任。当时编辑队伍有黄一德、蒋衡、梁士杰、汪岳云等。陈伯吹的加盟，使得儿童书局生气勃勃，也充分彰显了富有才情与能力的编辑之于出版机构的重要性。陈伯吹到儿童书局后，锐意改革，对于提升儿童书局童书出版质量、丰富图书出版品种有极大贡献。

陈伯吹编撰了一系列广有影响的丛书。陈伯吹与黄一德合编了大型丛书“儿童半角丛书”(200 本)。该丛书名在定价上做文章，“半角”为一枚银币的二分之一，即五分钱一本，丛书以其单本售价命名，将其物美价廉的市场定位体现得淋漓尽致，出版之后很受欢迎。除却“儿童半角丛书”，陈伯吹与人合编了多套丛书，主要有“儿童新诗歌”(20 本)、“新连环画”(与张一渠合编，80 册)、“我们的中心活动”(与梁士杰合编，120 本)，还有白桃主编、陈伯吹校“低级儿童常识丛书”(60 本)等。陈伯吹到儿童书局工作半年后就形成对儿童刊物的出版主见，他觉得给孩子们的刊物，应当办成高质量、富有知识性的读物，建议针对不同年龄段儿童的接受特点，把原来高、中、低级小学生阅读的《儿童杂志》一分为三：高级的由陈伯吹主编，中级版由梁士杰主编，低级版由黄一德主编。这种拆分细化的改革，不仅提升丰富了刊物内容和知识，有利于刊物质量的提高；更重要的是细分了受众市场，更好地契合不同年龄段儿童的接受需求。新改版的《儿童常识画报》后来在刊物名称上进行调整，高年级改为《常识画报》，中年级的仍为《儿童杂志》，低年级的改为《小小画报》，都成为儿童书局最具代表性的重要刊物。作为儿童文学创作者，陈伯吹的很多重要作品都在儿童书局的刊物首发，如他的长篇《波罗乔少爷》就刊载于《高级儿童杂志》。陈伯吹对刊物的改革充分体现了编辑的才能与魄力，也正是有了陈伯吹这样人才的加盟，初创于 1930 年的儿童书局才能在竞争激烈的出版圈中立足，形成特色与竞争优势。

三、多元出版格局与独具特色的编辑理念

儿童书局出版主旨首先是推进儿童教育，注重儿童的阅读能力和适应性，其次为提供教学用书和研究儿童教育资料，帮助师范学校和小学教师提高教育水平。为此，儿童书局在教科书、教育图书、儿童读物等多领域全

面开花。据统计，至1936年，儿童书局出版的各类儿童读物和教科书籍达1000种左右，其中丛书有20余种，期刊6种，畅销全国各地。主要丛书有：陈鹤琴编写的《幼稚园课本》，徐学文等编“儿童新故事丛书”，董纯才编写的“儿童科学丛书”“动物奇观丛书”“儿童新史地丛书”“儿童文艺丛书”，李清悚主编“卫国健儿丛书”等。报纸杂志方面有《儿童杂志》《儿童晨报》《儿童知识画报》《儿童故事月刊》等定期刊物以及陶行知主编《生活教育》，俞子夷主编《教师之友》等。

在形成多元出版格局的同时，儿童书局积极探索特色编辑理念，以形成鲜明的个性与竞争力。作为出版界的后起之秀，儿童书局立足于儿童受众的接受需求，开发了“分部互用儿童国语教科书”、《儿童活页文选》等出版物，在与各大小书局的激烈竞争中逐渐站稳脚跟，成为儿童读物出版的重镇。

教科书向来是出版机构盈利的主要品种，也是各大小书局着力培育的出版类型。商务印书馆、中华书局、世界书局等出版机构早已在教科书市场累积品牌与口碑，儿童书局要挤进教科书市场，势必要花一番功夫。1932年儿童书局出版了陈鹤琴、盛振声编的《儿童国语教科书》。这套教科书参照教育部颁布的小学课程标准编辑，使用对象是小学初级学生。为了更好契合儿童的需求，教科书用彩色石印，书中的插图却用完全白描的处理，为的是方便儿童着色，培养阅读兴趣和动手能力。在加强互动性，吸引儿童的同时，教科书在内容的丰富性上狠下功夫，该书的文字用横排，内容比一般教科书增加三倍以上。在国语教科书的编撰上，最能体现儿童书局独特编辑理念的是陈鹤琴、梁士杰主编的“分部互用儿童国语教科书”，有《儿童北部国语》《儿童中部国语》《儿童南部国语》各8册。编撰者认为中国地大物博，南北的风土人情不尽相同，因此主张内容也区别，各地方材料融合于统一的语文教学为编辑方针。该教科书的出版得到陶行知的高度评价，蔡元培还特别撰文推荐：“儿童的抽象作用，较直观为弱；所以吾人在智育方面，即不能不授以概念，而要在多用直观的材料为引导。……我国地大物博，兼跨寒、温、热三带；儿童所见，显有不同；对南部的儿童，讲雪人冰窖，对北部的儿童，讲木棉甘蔗，虽有图画，若要举实物来证明它，就很少机会了。上海儿童书局有鉴于此，特分编北、中、南三部国语，所含名词，均择本部中最彰明较著的；而关于听觉的，如歌谣等，也在本部中选出耳熟能详的，穿插其间；这对儿童的领会，必有极大的助力。特志数语，以为绍介。”[①]《分部互用儿童国语教科书》为儿童书局在教科书出版中赢得了市场和声誉，也充分彰显了儿童书局编辑队伍的眼光和能力。

《儿童活页文选》《儿童精读文选》的出版亦是儿童书局独特编辑理念的体现。在活页文选的编辑出版方面，开明书店和北新书局早已抢占先机，儿童书局并未步人后尘，而是积极创新，以优秀出版物开拓市场。张一渠（徐晋）主编的《儿童活页文选》以小学高年级即四年级和五六年级为服务对象，节选古今著名的语体文，篇篇独立且经过精细校勘，有十大优点：根据小学课程标准，精选切合儿童适用的语体文；节选精华，非极有意义极有兴趣的不选，不像其他文选的照本誊录；大字精排，并分段标点；纸张洁白，印刷精美；每篇题上，有眉图一幅；空白处，有精彩的补白；力求适合儿童的购买力，每页只售实洋一厘，不折不扣；购买篇数不拘，尽可自由选购；可以装订成册时，尽可送本局代为装订，装订费照算，封面奉送；教师应用的，另有合订本。[②] 上述罗列的十大优点都贯彻了服务儿童受众的接受需求的编辑志趣，而活页文选在细节的编排和处理上也十分用心。如戴季陶的《欢喜吃荷叶粉蒸肉》中就有小汽车的插图，补白处用了与选文极为相契的夏丏尊的一段话：“食物的原料，是吃不来的，要经过烹调才可口。”为此，《儿童活页文选》一经推出就大受欢迎，仅《儿童活页文选》第一辑合订本就在一个月内三版（1931 年 8 月出版，9 月份 3 版）。

在谈及出版重要性时，张一渠曾指出：“这确实有一种力量，出版事业推动着文化巨轮走向时代前面去。所以出版事业是前进的，一时代便有一时代的出版物。”[③]而在国难当头，民族存亡的危急关头的 1937 年，张一渠对于出版物的着眼点进行了阐述，给出了三点意见：

> 一、时代性的适合。民族国家到了存亡关头，救亡的呼声已普遍全国上下，出版界在这个非常的时期中，就应该特别负起时代前驱者的责任：介绍国防和建设必需的知识和技能，宣扬举国一致的精神，团结御侮，使帮闲的变为国防的，使消极的变为积极的，而大套古董式的古文学出版物更有暂停翻印的必要。

---

① 蔡元培：《题上海儿童书局分部互用儿童国语教科书（1934 年 8 月 1 日）》，《蔡元培全集第 7 卷》，浙江教育出版社 1997 年版，第 604 页。

② 徐晋：《儿童活页文选》，儿童书局 1931 年版，第 1—2 页。

③ 张一渠：《三点意见》，载《读书月刊》1937 年第 1 期。

> 二、软硬性的中和。目前我们中国的普及教育，远还没有达到一般人所希望的水准。国民教育程度的悬殊是出版前进途中的一个大障碍，虽则文化是国民人人乐意接受的，可是为了程度不齐与兴趣不同，硬性的出版物难于普遍接受，软性的又过于欠缺积极性，所以软硬性中和的出版物，最是适宜。例如软性的小说穿插些硬性的科学，硬性的时事穿插些软性的趣妙比喻。苏联的民众读物和少年读物都能做到这点，而日本也正在提倡中间读物，在我国目前的情势看来，要是必需了。
>
> 三、要重质量而不重数量。国民经济没有达到相当富裕的时期，对于一切的购买力是不会增强的。在这时期，出版界就不能只以数量的方面增多，而争胜竞卖，应该特别注意质量的增加。因为读者所需要的是丰富内容，而不适便宜的价格和多种同样的书名。更进一步说，我们中国出版物的大部分原料是外国供给的，在这国家经济贫乏，物价高涨的现在，物质上能多省一分钱，也就是替国家多存一分力量。[①]

张一渠认为上述三点，已为当时从事出版事业的人士所注意，但出版界各自为政，尚没有一个合力的通盘计划。他希望"全国的串接，来一个应付非常的大集会，把出版事业各方面的问题，做一个共同的彻底结局。这样，为民族的文化，为国家的生存，为国民的经济，为本省的义务，才有一个完满的交代。"[②]

正是秉持着服务儿童，推动儿童文化的出版理念，自1930年创办以来，儿童书局出版了大量优秀的儿童读物，成为现代儿童读物出版重镇，也为现代儿童文化的构建做出了巨大贡献。张一渠及儿童书局在童书出版中所积累的经验，不仅是童书出版史上的巨大财富，而且对当代童书出版依然有着重要的启示意义。

第二节 吕子泉、沈骏声与大东书局

包天笑在《钏影楼回忆录》中说："如果那时候以商务印书馆与中华书

① 张一渠:《三点意见》，载《读书月刊》1937年第1期。
② 张一渠:《三点意见》，载《读书月刊》1937年第1期。

局为上海第一号书业的，那么，世界书局与大东书局便是上海第二号书业了。”[①]位列第一号书业的商务印书馆和中华书局，其掌舵者和创办人张元济、陆费逵都是浙江人，而位列第二号书局的大东书局，其创办人吕子泉、沈骏声也是浙江人。

一、吕子泉、沈骏声和大东书局

大东书局成立于1916年，由吕子泉、沈骏声（绍兴人）和王均卿（吴兴人）、王幼堂（绍兴人）四人合资创办，孟寿椿任编译长，发行所设在福州路，编译所和印刷所在蒙古路。1924年改组为股份有限公司，1925年与学术界合组东方舆地学社，专门编绘出版中国和世界的各种地图，每年重印10余次，行销10万册以上。1928年大东书局聘沈骏声任经理。1930年再度扩充，1932年改为股份有限公司，成立董事会，沈骏声仍任经理。1945年抗日战争胜利以后，官僚资本侵入该书局，由杜月笙任董事长，国民党人陶百川掌握局务。1954年，按其出书类别，分别并入各公私合营出版社。[②]

大东书局出书范围十分广泛。自1916年创立到1930年，共出版图书1245种，根据《大东书局特刊》广告书目所开列的类别名称，图书出版涉及到党义、哲学、文学、文字学、目录学、音韵、诗词、读本、文选、文法、文范、学生成绩、国学名著、社会学、政治学、经济学、法律学、法令汇编、史地、地图、游览、自然科学、图画、音乐手工、摄影、医学、戏剧、跳舞、军事、劳工、儿童读物、民众读物、字典词典、应用文、尺牍、实业、碑帖、笔记等。影响较大的是中小学教科书、法律、国学、中医，文艺、社会科学丛书和儿童读物等。其中“法律丛书”、“新儿童基本文库”、“现代文化丛书”、“童子军”丛书、“新文学丛书”等出版物深受欢迎。大东书局还出版了一批具有学术、史料和文献价值的图书，如郭沫若的《甲骨文字研究》《殷周青铜器铭文研究》、江恒源的《中国文字学大意》、于右任的《右任诗存》等。

大东书局从20世纪30年代才开始涉足教科书出版领域，但其编写出版进度十分迅猛。1930年编写第一套初中教材，1931年开始出版高中教材，1932年出版《新生活小学教科书》，到1933年8月学生暑期开学前，大东在报上公开宣称“小学中学大学各科用书全部出齐”。[③] 蒋息岑、沈百英

---

① 包天笑：《钏影楼回忆录》，生活·读书·新知三联书店2014年版，第359页。

② 《北京出版史志》编辑部编：《北京出版史志第4辑》，北京出版社1994年版，第224页。

③ 《申报》广告，1933年8月21日。

主编的《新生活国语教科书》共计八册，内容大多与儿童日常生活密切有关，如《弟弟来》《姐姐站》《轮唱》《同坐唱歌》《弟弟跑》《鸡猫狗》《大欺小真不好》等篇目，故事叙述多采用儿童和小动物为主角，形式多样，有故事、歌剧、短剧等，生动活泼，契合儿童接受兴趣。同时在编排融入丰富的知识文化，融汇智慧故事、成语故事、名人传记等。大东书局在教科书编辑出版方面的迅速成长，还体现在教科书的市场竞争力上，其出版发行的教科书影响仅在商务印书馆和中华书局之后，在抗战时期成为国定本教科书七联处组织成员之一，享有8%的分配比例。1931年，在大东书局创设15周年之际，曾出版《大东书局十五周年纪念册》，蒋中正、于右任、宋子文等为其题序。该集包括大东书局经过概况、出版成绩、印刷成绩、附属机关等内容，收蒋梦麟的《中国出版家的使命》、沈骏声《出版界应有的努力》、章衣萍《我对于中国出版界的希望》等10余篇文章。

作为出版业的后起之秀，大东书局的发展与吕子泉、沈骏声等人的才干与努力密不可分。吕子泉的相关资料较少。他曾是商务印书馆的员工。商务印书馆的出版业初具规模之际，夏瑞芳曾物色了三位"老书坊里的杰出人才"、"富有推销能力"的干将，这三位干将就是吕子泉、俞志贤、沈知方，三人一道负责商务图书的推销。又中华书局1923年的大事记中有以下文字："3月7日因文明书局代经理吕子泉不能脱离大东书局，调沈阳分局经理沈鲁玉任文明书局经理；南昌分局代经理郭农山调任沈阳分局经理；长沙分局营业主任吴映堂升任南昌分局。"①这段大事记透露了两个重要信息：第一，吕子泉担任过文明书局的代经理；第二，吕子泉与大东书局的关系。关于这段历史，包天笑曾有相关回忆："他们绍兴人对于书业有根底，向来对于旧书业有办法，现在对于新书业，一样有办法。同时另一个绍兴帮也开一家书局，这就叫作大东书局。"②包天笑的概括精准扼要，大东书局的创办者中，吕子泉、沈骏声、王幼堂都是绍兴人，是名副其实的绍兴帮创办的书局。尽管早年曾在商务印书馆的营销方面展现过人的能力，但吕子泉在出版界的贡献最集中体现于大东书局的创办上，换言之大东书局创办之后，吕子泉的出版才能才有了更充足的用武之地。

沈骏声，是大东书局创办人之一，1928年被聘为大东书局的经理，1932年大东书局改股份公司，成立董事会，沈骏声仍任经理。沈骏声在大东书局将近二十年，可谓大东书局的中坚力量。沈骏声是世界书局沈知方的侄

① 中华书局编辑部：《中华书局百年大事记1912—2011》，中华书局2012年版，第43页。
② 包天笑：《钏影楼回忆录》，生活·读书·新知三联书店2014年版，第359页。

子,也是南社成员之一。“那时这个后起之秀的大东书局也崛然而起。有一位沈骏声君,是沈知方的侄子,英俊有为,他是大东书局一个干部,专与上海的作家接洽。”[①]这是包天笑谈及大东书局对沈骏声的印象。后来包天笑编辑大东书局的《星期周刊》,出特刊、撰稿等具体事宜都是与沈骏声联系。后来包天笑觉得办《星期》周刊劳累,生出倦意,“便与经理这一部分事的沈骏声相商”,想另寻人选编辑刊物,只是当时周瘦鹃正为大东书局筹备《半月》杂志,无奈之下,《星期》只有停刊。此外,沈骏声还是一位了不起的人物。赵俊在《怀念雄才大略的出版家陆费逵先生》中指出:“我一生在印刷界见到三位了不起的业务人才:一、唐驼先生,既能开展业务,又善培植人才,尤以品性高洁,令人敬佩;二、王瑾士先生;三、大东书局总经理沈骏声先生。”[②]作为大东书局的中坚,在上海书业商会的选举中,1932 年上海市书业同业公会的选举中,沈骏声曾与王云五等一道当选。

1944 年,沈骏声过世。《中华法学杂志》刊发了《悼大东书局总经理兼本会编辑委员沈骏声先生》一文。文章指出沈骏声“少有大志,不陨获于贫贱,不充诎于富贵,致力于文化事业……博学而不穷,笃行而不倦……”。沈骏声本着弘扬文化的志向,在大东书局任职长达 30 年,兢兢业业,为大东书局的创办、发展立下汗马功劳。

> 平时对于著作编修,极其审慎明辨,杜绝诲淫诲盗之邪说流行;对于资料技术,极其充实精到,适应日新月异之工业进化;对于发行交易,极其宽信敏惠,力戒使诈使贪之投取行为;其他分别部居,因材器使,大多福利,逮及员工,大东书局基础因之而巩固,规模因之而宏伟,是皆骏声先生之力也。不宁惟是,抗战军兴,淞沪糜烂,凡百工厂,随在内迁。骏声先生于此,采分工合作之法,乘因地取材之便,设分厂于浙江、江西、湖南,置分局于广西、贵州、西川,以总管理处为枢纽,若网在纲,有条不紊。金兰不守,浙厂迁闽,先事预防,损失减少,尔时群服其智。洎夫香港遇寇,以身系全局安危,坐守仓库,一任大炮轰于顶,飞机震于耳,职工仆于侧,而不稍避,直至香港陷落以后,收拾余烬,间关脱险,又莫不佩其勇。重庆重来,百工居肆,既成其事,汔可少休,乃不敢自暇

---

① 包天笑:《钏影楼回忆录》,生活·读书·新知三联书店 2014 年版,第 360 页

② 赵俊:《怀念雄才大略的出版家陆费逵先生》,见俞筱尧、刘彦捷:《陆费逵与中华书局》,中华书局出版社 2002 年版,第 8 页。

自逸。[1]

大东书局发展的每一重要步伐，经历的每一次劫难和重生，沈骏声都奋勇当先，运筹帷幄。他还有志于法学的传播，认为建国要以法治为中心，普及法学知识，参与了《中华法学杂志》《法令周报》《最高法院判例要旨》《法学丛书》的编辑。1931 年，大东书局曾创办法律函授学社，聘请法学名家二十余人为学校授课，学生报名入学者月数百人。这也就解释了缘何沈骏声过世时，《中华法学杂志》刊发如此深情的悼文。沈骏声心系大东书局发展，兢兢业业，事必躬亲，终于积劳成疾，"中道而殂"。

二、大东书局的通俗文学出版

大东书局最有特色、影响最大的是通俗文学出版。大东书局聚拢了鸳鸯蝴蝶派的周瘦鹃和包天笑等一大群知名通俗文学作家，编辑发行了一批有影响的通俗文学刊物，主要有《游戏世界》《半月》《星期》《现代学生》《紫兰花片》等。而包天笑、周瘦鹃加盟，致力于大东书局通俗文学的出版，很大程度要归功于沈骏声与二人的交情。周瘦鹃是个影戏迷，他曾说"愚于影戏有特嗜，每星期必观三四片，习以为常……愚为影迷，最留意于影界消息，佳片来时，每快先睹。"他曾在《百星偿愿记》中记载了去看心心念念已久的《党人魂》影片："及至.则尚未开映，黎锦晖、蔡仁抱、杨九寰诸君招待甚殷，包天笑、沈骏声二君，欲愚口译片中说明，因相与骈坐。"[2]由此可见两人的情谊深厚。

包天笑早年曾为商务印书馆翻译了《馨儿就学记》等畅销一时的教育小说。在小说翻译之外，包天笑也致力于文学创作，是鸳鸯蝴蝶派的重要作家。"鄙人从事于小说界十余寒暑矣，惟检点旧稿，翻译多而撰述少，文言伙而俗话鲜，颇以为病也。"[3]1922—1923 年，有着丰富办刊经验的包天笑加盟大东书局，主编《星期》周刊。《星期》周刊于 1921 年创办，每周一期，封面上用红色字体写着"星期"两个字，下面辅以彩色配图，每期换一次。

① 《悼大东书局总经理兼本会编辑委员沈骏声先生》，载《中华法学杂志》1944 年第 3 卷第 6 期。

② 周瘦鹃：《百星偿愿记》，原载《上海画报》1927 年 10 月 12 日第 282 期第 3 版，见范伯群主编《周瘦鹃文集珍藏版下》，文汇出版社 2015 年版，第 452—453 页。

③ 包天笑：《小说画报·短引》，原载《小说画报》第 1 号，1917 年 1 月，见芮和师、范伯群、郑学弢：《中国文学史资料全编现代卷鸳鸯蝴蝶派文学资料上》，知识产权出版社 2010 年版，第 14 页。

《星期》刊发的文章大多以游戏、娱乐等闲适内容为主，有江红蕉《交易所现形记》、范烟桥的《生活之歌》《海天雁影》《绿叶成荫子满枝》等，张毅汉的《生儿的报偿》《男女同学》等。主编《星期》之外，包天笑的很多图书，如《上海春秋》《甲子絮谈》《家庭说库》《说海精华》等都在大东书局出版。

大东书局还邀约了鸳鸯蝴蝶派另一主将周瘦鹃主编《半月》。《半月》被认为是杂志界中的“霸王”：“自胎生以至于现在，精神始终不懈，海内外读者，无不啧啧称赏，推为杂志界的‘霸王’。”①《半月》如其刊名，半月出版一次，采用30开纸张印刷，内容以通俗小说为主。在周瘦鹃的影响下，《半月》汇集了包天笑、王钝根、江红蕉、徐卓呆、程小青、袁寒云、天虚我生、孙癯蝯、李涵秋、沈禹钟、范烟桥、胡寄尘、张舍我、何海鸣、陈小蝶、张枕绿、程瞻庐、毕倚虹、严芙孙、海上说梦人、许指严、刘豁公、孙了红、王爱生等一大批作家。庞大作家队伍的支持和赐稿保证了《半月》充足而优质的稿源，在此基础上，《半月》的编辑也别出心裁，尤其以其推出的“特号”受到广泛好评，产生很大影响的有“儿童小说号”“侦探小说号”和“春节号”。②

“儿童号”邀集了天虚我生、王钝根、沈禹钟、袁寒云、孙癯蝯等名家撰述自己的童年顽皮经历。《半月》筹备了三四个月时间，举办了儿童照片比赛，面向全国征集儿童照片，由《半月》社的人公决，初选20名，在当时第16号“儿童号”中刊布。之后再请读者复选，评比出前3名，颁发半月形金牌银牌作为奖励。这项活动引起广泛关注，轰动一时，当时参与投票达4500多票。③《半月》在新年来临之际设立了“春节号”，请王钝根、包天笑、何海鸣、李涵秋、袁寒云、毕倚虹等人撰文述说自己儿时的新年。每篇文章前都有小像，儿童形象各异，穿着各色衣服，有的坐在祖父怀中，有的骑着竹马，还有的提着状元灯，颇有童趣。王一之在任职驻奥中国公使署秘书时，还把这个“春节号”给维也纳报界中人看过，获得了报界中人的大力称赞。“侦探小说专号”刊发了程小青的《自由女子》《怪别墅》《霍桑的小友》。此外还刊登了张舍我和周瘦鹃合译的英国柯南道尔的《皇冕宝石》《雷神桥畔》等作品以及袁寒云的《万丈魔》等。《半月》自第15号起，专辟《侦探之友》栏目，邀请赵苕狂做主事，刊发了《钻祸》《儿戏》《理想与实行》《窗》《来去自由》等，以及张碧梧的长篇侦探小说《双雄斗智记》等。

---

① 王智毅：《周瘦鹃研究资料》，天津人民出版社1993年版，第297页。

② 付昌玲：《独具特色的现代通俗文学出版平台》，载《湖南人文科技学院学报》2013年第1期。

③ 王智毅：《周瘦鹃研究资料》，天津人民出版社1993年版，第235页。

1925年12月创刊的《紫罗兰》，由周瘦鹃主编，是大东书局重要刊物。《紫罗兰》汇集了包天笑、陈小蝶、王小逸等名家，曾刊载包天笑的《玉笑珠香》、陈小蝶《画狱》、王晓逸《金迷纸醉录》等长篇小说。作为一份都市时尚类通俗文学期刊，《紫罗兰》还通过紫罗兰画报、广告、图片（风景摄影、名画、扇面、名人、明星照片、时尚封面美人、私人日常小照）等手段，全面呈现上海多元而丰富的都市生活状态。

在通俗文学期刊广有影响的同时，大东书局还将这些资源转化成为单行本予以发行。在图书出版策略方面，大东书局将杂志上的作品分门别类集结成书，以言情小说、家庭小说、武侠小说、滑稽小说、侦探小说、社会小说、短片名作汇编等类别来招徕读者。如1930年《紫罗兰》停刊后，大东书局曾将在《半月》和《紫罗兰》上发表过的短篇小说，按作家分汇成册，称为《名家说集》，包括包天笑、周瘦鹃、范烟桥、胡寄尘、袁寒云、许指严、徐卓呆、毕倚虹、张舍我、赵苕狂、严芙孙、张枕绿、张碧梧等16人的作品。在侦探小说出版方面，大东书局着力打造了“亚森罗苹”系列。早在1915年，周瘦鹃就在《礼拜六》杂志刊发了《亚森罗苹之劲敌》《亚森罗苹之失败》等译文。当时的译文中，亚森罗苹作为神探福尔摩斯的对手，被冠以“剧贼”之名。此后周瘦鹃依旧热衷于亚森罗苹的译介。1922年，他在《紫兰花片》刊发《亚森罗苹作者之言》。该文强调了亚森罗苹盗亦有道的特点：“吾书中时亦盛道其义侠，每犯一案，未尝杀人，实与寻常杀人越货之流有不可同日而语者。”“罗苹智勇兼全，非常人也。”①亚森罗苹形象发生了转变，身份已经从“剧贼”换转为“侠盗”和“剧盗”。周瘦鹃对亚森罗苹的钟爱和传播，对亚森罗苹人物形象的创造性塑造，终于在大东书局出版的《亚森罗苹全集》得到集中体现。该全集初版于1925年，这一年周瘦鹃应邀主编《紫罗兰》。《亚森罗苹全集》收录了10部长篇，短篇18部，耗费三年时间，邀请名家以明白晓畅的白话翻译，出版时又邀请了袁寒云、包天笑、胡寄尘、程小青、张枕绿、周瘦鹃等名家作序。为了扩大图书的发行，大东书局积极拓展广告平台。大东书局不仅有效利用本局的出版物如《半月》等予以宣传，还将广告延伸到《申报》《新闻报》等大型报刊上。如1925年3月24日第五张第一版《新闻报》的广告文如下：“亚森罗苹诸案，有神出鬼没之妙。福尔摩斯案无其奇，聂卡脱案无其诡，可作侦探小说读，亦可作武侠小说读。兹尽收集其长短各案，汇为一集，以成全豹。”《亚森罗苹案全集》成为大东书局重要图书，到20世纪30年代依旧畅销。如1931年5月3日，在《新闻报》仍用

① 瘦鹃：《亚森罗苹作者之言》，载《紫兰花片》，1922年第4期。

很大篇幅刊出该书广告："这部书所写的亚森罗苹是一个惊天动地的侠盗。他的行止：兔起鹘落神妙莫测。他的性情：锄奸仗义虎虎如生。他的化装：迷离惝恍奇诧万端。他能使福尔摩斯一筹莫展。他能使警察们失措，欲知他生平的奇案的请看这部——最刺激最激烈最曲折的好书。比看杀头格外惊心格外有趣。"该则广告还称誉该书是"轰动世界——侦探小说之王""完全科学化——完全艺术化、完全理智化——完全兴味化"，并用大字标示"踏进侦探小说最高境界打破侦探小说最高纪录"的字样。[①] 亚森罗苹在中国的接受和传播，周瘦鹃和大东书局功不可没。对此有研究者石娟从商业文化和文学发展的角度予以评价："大东书局对于亚森罗苹身份合法性的确立与不懈运作，就具有非同寻常的现代眼光，尽管这幕后的直接动力或许仅仅是为了谋利，但它的现代意义也恰在此处显现出来——商业行为在现代文学中的参与，不仅仅是赤裸裸的逐利，它常常在以谋利为根本旨归的努力之外，建构了某种文学事实，这些文学事实，或者是一个文学形象，或者是一部优秀的作品，或者是一种文化的投射……它参与并建构了现代文学的现代性特征，是现代文学繁复多样的现代性景观的重要组成部分。"[②]在通俗文学出版之外，大东书局还出版过由徐志摩主编的"新文学丛书"，该丛书汇集了沈从文、陈白尘、彭家煌等作家以及傅东华等知名译者的译作，作家作品主要有沈从文的《一个女剧员的生活》和《游目记》，彭家煌的《平淡的事》《出路》，陈白尘的《风雨之夜》；译作方面有傅东华的《现代名家小说代表作》，查士骥译《法国代表平民短篇集》，吴伴云译史特林堡的《死的舞蹈》等。

大东书局出版了《四库全书总目》（陈乃乾校）、《曲海总目提要》（近代董桥撰）、《中国医学大成总目提要》（曹炳章编）等一系列古典重要典籍，还有郭沫若的《甲骨文字研究》《殷周青铜器铭文研究》，黄仁宇的《缅北之战》等重要论著。姚一鸣在《中国旧书局》中阐述了沈骏声在图书出版和经营方面运筹帷幄的智慧。沈骏声与文坛众多知名人物交情深厚，如周瘦鹃、包天笑等人。而大东书局《曲海总目提要》等古籍整理出版也得益于沈骏声与董康等知名藏书家的友谊。董康是近代著名藏书家，曾任法律馆纂修、大理院推事、财务总长等，嗜书如命，曾多次赴日本访书。董康收藏购置了大量古籍珍本。1927 年初，《曲海提要》杀青而未付印之前，董康东游

① 《〈亚森罗苹案全集〉广告》，载《新闻报》1931 年 5 月 3 日第 2 版。

② 石娟：《从"剧贼"、"侠盗"到"义侠"——亚森罗苹在中国的接受》，载《苏州教育学院学报》2014 年第 4 期。

访书，狩野博士曾三次送《传奇汇考》给董康。董康将其与《曲海提要》比对，发现多出70余则，于是手抄笔录。后来将清初无名氏编撰的《传奇汇考》寄给大东书局经理沈骏声，请沈骏声石印留底，以补《曲海提要》之缺。[①]此外还请陈乃乾、孟森校勘错讹，以便传世。《传奇汇考》共46卷，著录杂剧、传奇684种，是古代戏曲目录提要著作。后来，董康又将李贽评本《西厢记》寄出，希望大东书局能影印出版，同时，将此书中所绘的人物，收入《千秋绝艳》中。[②]

此外，大东书局出版的《中国医学集成》，汇集了我国自汉唐迄明清一百几十家和日本汉医家的著述，共365种，2082卷，分为13类，1937年出版时辑成1000册，且都加以详细校勘，附有作者行略和内容提要。这一项工程浩大的医学事业就是沈骏声与骆无涯邀请浙江同乡鄞县的曹炳章主编的。[③] 沈骏声的管理才干还体现在对时局的判断和未雨绸缪的布置方面。在抗战爆发前夕，他就筹备将印刷设备、图书等运往江西和香港。太平洋战争爆发之后，沈骏声和大东书局加紧将设备和图书向重庆等内地转移。1943年，沈骏声过世，大东书局的境况也逐渐低迷，后来由陶百川和杜月笙接管书局的经营，1949年之后，大东书局被军管，1954年按照大东书局出书类别，分别并入各公私合营出版社。这家曾在民国出版业中创造辉煌，号称第四大民间出版机构的大东书局就此退出了历史舞台。

---

① 董康：《书舶庸谭》卷一，傅杰点校，新万有文库本。

② 姚一鸣：《中国旧书局》，金城出版社2014年版，第125页。

③ 《浙江简志之二浙江人物简志下》，浙江人民出版社1984年版，第88页。

第八章 张静庐、胡愈之与现代出版文化

第一节 张静庐与现代出版文化

1935 年，阿英受良友公司委托，编撰中国新文学大系的史料部分，同时也替上海杂志公司编校“中国文学珍本丛书”。在做这项新文学历史建设的工作的同时，阿英就谈到新文化运动的过去、现在和未来，他指出，要编纂一部比较详尽的中国新文化运动史，张静庐是不应该忘掉的存在。阿英的话说明了张静庐，这位新文化启蒙的实行者——出版商人的重要贡献。而从张静庐致力于出版文化的历程来看，他 1919 年投身于上海出版界，经历了上海新书事业的沿革和变迁种种，他的自传《在出版界二十年》可谓上海新出版业史实的个人化记录。而在文化浙商群体中，张静庐也是重要人物之一。

一、张静庐的出版文化之路

张静庐(1998—1969)，原名张继良(张静庐是他早期的笔名)，清光绪戊戌年(1898)四月初七出生于浙江镇海的龙山——“屠户世家”。8 岁开始进入私塾念书，后进入龙山演进民国学校，“十五岁时离开温和的家庭，惟一的母校，踏进社会，到二十八岁的十三年间，调换过不少的职业和服务处所，从没有做满到三年以上的时间”①。张静庐曾在烧酒行、洋纸号里做过学徒，充任酒馆的外长房等。对张静庐来说，最高兴的是酒行打烊之后到书店铺面集中的棋盘街走动，当上了“棋盘街巡阅使”。从此张静庐迷上了看“小书”，《茶花女遗事》等林译小说，以及《小说月报》和“礼拜六派”小说

① 张静庐：《在出版界二十年》，江苏教育出版社 2005 年版，第 75 页。

杂志。张静庐回忆这段学徒生涯时说，自己养成了爱书的嗜好，看小说的兴趣，想做出版家(甚至于作家)的欲望；当时唯一的希望，是想在商务印书馆里当一名练习生。“棋盘街巡阅使”的经历和丰富的阅读，把张静庐引进了另一个天地里，他开始了文学创作的尝试。他创作了小说处女作《冷与热》，投寄给《礼拜六》未刊，但却收到了王钝根的回信。此后第二篇小说《游丝》发表在《妇女周报》并由此结识该周报的主编沈卓吾，成为忘年交。张静庐“是个有心人，从这个时候开始，就能对出版界的一些人和事做下记录，他的这种兴趣，是后来编写出版史料的基始”①。1914 年，17 岁的张静庐一边继续努力地投入文学创作，一边创办了小型的报纸《小上海》，后来他又创办过《小说林》《滑稽林》等杂志。第一次尝试出版的失败，使他积累了出版发行的经验，那就是特别注重“代理发行”业务，替有出版兴趣而没有发行经验的人解决困难。1916 年，张静庐启用“静庐”的笔名，在上海《中外日报》副刊刊发不少小说。后来张静庐创作的小说又在天津《公民日报》刊载，他也被聘为该报的副刊编辑。“这是我做新闻记者的开始，对新闻纸和记者生活感到兴趣的开始。”②

五四运动时，张静庐参加了上海的“六三”运动，加入“救国十人团”联合总会，主持《救国日报》的编务。“六三”运动之后，张静庐被推选为北上请愿代表，参加了七省请愿，大闹新华门并被拘捕，坐监 48 天。重获自由之后，张静庐被宁波各界联合会领导人赏识，推举为出席总会的代表，由此结识了泰东书局的股东兼经理——赵南公。1920 年，在泰东书局经理赵南公的举荐下，张静庐成为泰东书局的编辑，“从此踏进了出版界”。他主编《新的小说》期刊，结识了郭沫若、郁达夫、曹靖华等作家，郭沫若的《女神》《茵梦湖》皆是经他之手出版。此后，泰东书局经营困难，张静庐进联合通信社任外勤记者，后又进上海商报馆，负责《商报·本埠版》整四年，直到商报馆关门。

1925 年，张静庐与卢芳、沈松泉合伙创办光华书局。1925 年到 1927 年正是上海新书业的黄金时代。光华书局开办时仅有 25 元的资本。沈松泉回忆：“我们当时所以敢于大胆办起书店来，主要仗着静庐和我都在泰东图书编辑部工作过几年，认识一些作家，可以暂不付稿费或版税，先把稿子要来出版；认识几家印刷所和装订所，可以暂不付印刷费和装订费；还认识几家纸行，可以赊欠纸张，等书出版后甚至等到节边(端阳、中秋、旧历年

---

① 苏嘉：《张静庐的身世和青少年时代》，载《出版史料》2002 年第 4 期。
② 张静庐：《在出版界二十年》，江苏教育出版社 2005 年版，第 39 页。

底）再付款。一本新书出版，要在《申报》《新闻报》或其他报纸上刊登广告，广告费也可以等到月底再付。"[①]在郭沫若的热忱协助下，光华书局印行了《三个叛逆的女性》以及《文艺论集》等，同时还编辑出版了半政论半文艺的杂志《洪水》半月刊。张静庐为此还颇为自豪地说："在光华以前，上海还没有纯粹的新书店——它是第一家。"[②]光华书局成为推动新文艺发展的重要出版机构。

1927 年，张静庐和洪雪帆在上海创立现代书局，张静庐觉察到"在大革命时代，对社会科学书的需要超过文艺书"[③]。同时，他坦言当时要再办一家现代书局的用意，是想将光华仍旧保持已经走了四五年的文艺路线，而使现代书局成为纯粹的社会科学书店。于是，张静庐的同乡洪雪帆、张静庐还有沈松泉共同出资，创办现代书局。"合作的事业，总是不同意维持久长的。"[④]由于和沈松泉等人的合作问题，张静庐走出了现代书店，离开了光华书局。

1929 年张静庐另起炉灶独自创办了上海联合书店，这是一家纯粹的社会科学书店。1934 年，张静庐创办上海杂志公司，"过去和现在，中国还没有专营杂志事业的书店"[⑤]。该公司专营杂志，开创了"退订改订绝对自由"的方式，实行四年，从信誉上得到了几十万订户的好感，公司也蒸蒸日上。1943 年，以生活书店、读书生活出版社以及新知书店为核心，由一大批进步的出版机构组成的新出版业联合总处推举张静庐为联营书店的总经理。1949 年之后，张静庐被调往中央出版总署，1955 年任北京古籍出版社、中华书局编审，1957 年任北京中华书局近现代史编辑组组长。

"我有我的目标，我有我的信念，二十年生活在出版界里，弯弯曲曲朝着这个目标前进，千辛万苦为实现这个信念而工作。"[⑥]拥有丰富出版经历的张静庐编著有《中国小说史大纲》《新闻学概要》《在出版界二十年》等。同时，张静庐的远见卓识使他成为出版史研究的开创者，被认为是"刊行杂志整理史料有功之人"[⑦]。张静庐整理辑注的出版史料，"取材范围以图书、

---

① 沈松泉：《关于光华书局的回忆》，见俞子林《百年书业》，上海书店出版社 2008 年版，第 10 页。

② 张静庐：《在出版界二十年》，江苏教育出版社 2005 年版，第 78 页。

③ 张静庐：《在出版界二十年》，江苏教育出版社 2005 年版，第 92 页。

④ 张静庐：《在出版界二十年》，江苏教育出版社 2005 年版，第 93 页。

⑤ 张静庐：《在出版界二十年》，江苏教育出版社 2005 年版，第 107 页。

⑥ 张静庐：《在出版界二十年》，江苏教育出版社 2005 年版，第 136 页。

⑦ 王建辉：《张静庐一刊行杂志整理史料有功之人》，载《出版广角》2001 年第 9 期。

期刊的编译、出版、印刷有直接关系的为主"①,内容涵盖各种图书、报纸、刊物以及印刷技术、出版法令等,以及各种书影、图等大量珍贵的第一手资料。出版有《中国近代出版史料初编》(中华书局 1957 年 12 月),《中国近代出版史料》(二编、补编)(中华书局 1957 年 12 月);《中国现代出版史料甲编》(群联出版社 1954 年 5 月)、《中国现代出版史料》(乙编、丙编)(中华书局 1954 年 12 月)以及《中国现代出版史料丁编》(上、下两卷)(中华书局 1959 年 11 月)等。

二、张静庐的出版理念与智慧

张静庐自称是"一个新文化运动的实行者——出版商人"。他自认为在"民国"八年"五四"运动以后以至于 20 世纪 30 年代,对于上海出版界的向着新的一方面的推进,多少尽过一些劳力,耗过一些脑汁。但就整个现代出版文化历程来说,张静庐的贡献是多方面的,正因此,阿英先生指出要编纂一部比较详尽的中国新文化运动史,张静庐是不可或缺的人物之一。张静庐的人生经历与新文化运动出版紧密相关。在现代文学大师施蛰存曾称赞张静庐是 30 年代四马路出版界的两位霸才之一,为新文化运动和新文艺的推进做出了积极贡献。

(一)文艺图书的出版追求

"五四"运动之后,新文化运动宣传、普及亟须出版力量的推动。"新文化运动虽有七年的历史了,这样重要的省会似乎都还没有普及到。我们到达南昌之后,在许多新式的、旧式的书店里居然找不出一本'新'的书籍和杂志。"②张静庐的认识绝不仅仅是出于拓展出版市场的考虑,而是洞见了新文化普及的缺憾和受众的需求,以出版之力助推新文化的一种实践。于是,1926 年光华书局在南昌创立分店。

张静庐曾说:"如其说我有着想做个出版家的企图,毋宁说是我有着爱书的嗜好。"③在张静庐的出版经历中,光华书局、现代书局、联合书店、上海杂志公司都十分注重文艺图书的出版,或者说文艺图书的出版正是张静庐出版的特色所在。"现代书局的信誉和营业日益隆盛,"民国"廿一二三年

---

① 张静庐辑注:《中国近现代出版史料近代初编》,上海书店出版社 2003 年版,第 1 页。

② 张静庐:《在出版界二十年》,江苏教育出版社 2005 年版,第 90 页。

③ 张静庐:《在出版界二十年》,江苏教育出版社 2005 年版,第 60 页。

(1932—1934)间，可以说现代书局已是全中国唯一的文艺书店了。”[①]当时出版的有影响的有“创造社丛书”“幻洲丛书”“狂飙丛书”“新世纪文艺丛书”“现代创作丛刊”“现代文学讲座”等等，新文化运动中活跃的郭沫若、张资平、施蛰存、穆世英、周全平等都是聚拢在张静庐麾下的作家。现代书局出版了许多现代文学经典作品，更值得称道的是，很多文学图书都成了畅销书。如1921年由泰东书局出版的郭沫若的第一本诗集《女神》，1928年10月该书已经出第八版，以后继续重印出版至十二版。再如1927年出版的张资平的小说《最后的幸福》，到1934年4月出版了第十四版；蒋光慈的《野祭》(现代书局)在1929至1930年短短一年之间出到了第六版，郁达夫的《达夫代表作》也出到了第六版。此外洪灵菲的《流亡》(现代书局)、陈大悲的《幽兰女士》(现代书局)、蒋光慈的《丽莎的哀怨》等等都出版了五版。张静庐在大力扶植国内创作的同时，还积极倡导外国文学的译介，出版有“世界名著选”(光华书局)、“欧罗巴文艺丛书”(光华书局)、“现代世界文艺丛书”(现代书局)、“世界戏剧译丛”(现代书局)、“高尔基选集”(上海杂志公司)等。

光华书局在1924年至1927年间，以出版中国文学类图书为最多，达36种，其次为政治类8种、艺术类与外国文学类各6种。现代书局在1927年至1934年间，出版数量最多的是中国文学类图书，达128种，其次为外国文学类62种，文学理论类19种。上海杂志公司的出版物中，出版数量最多的也是中国文学类图书，共131种，其次为外国文学类26种，政治类24种，艺术类21种。[②] 因此，文学类书籍占据了图书出版的绝大多数，中国文学类、外国文学类以及文学理论类三者的比例合计约为80.4%。

对于新文艺来说，张静庐的贡献良多。他创办的书局出版了许多作家的第一本书。如泰东书局出版的郭沫若《女神》(1920年8月)、张资平的《冲击期限化石》(1922年)、田汉《蔷薇日记》(1922年5月)，光华书局出版有周全平《梦里的微笑》(1925年)、叶灵凤《女娲氏之遗孽》(1927年5月)、向培良《我离开十字街头》(1926年10月)、沈从文《十四夜间》(1929年3月)等。此外，“丁玲女士的《自杀日记》和胡也频先生的《三个不统一的人物》。这两本小说都是他们二位在上海出版的第一部著作”[③]。这也难怪阿英先生直言，要追溯新文化运动史，离不开张静庐的作为。

---

① 张静庐：《在出版界二十年》，江苏教育出版社2005年版，第103页。

② 齐晓艳：《张静庐出版思想研究》，河北大学2011年硕士论文。

③ 俞子林主编：《百年书业》，上海书店出版社2008年版，第21页。

张静庐对出版现状和形势有着敏锐的洞察力，这集中体现在《现代》杂志这一份在新文学发展史中十分重要的大型文艺刊物的创办上。1932年，“一·二八”战事爆发，许多书局都停止了出版活动。张静庐提出了要出版一本纯文艺刊物的建议。他分析，首先，大的书店如商务印书馆、中华书局向来注重教科书的编定和销售，不注重新文艺这条出版路线；其次，当时的上海也没有比较好的文艺刊物。于是他写信请施蛰存来主编这份刊物，他充分估量了选择施蛰存作为《现代》杂志主编的适宜性：“这一时期，他是挺适宜的一位编辑。对无论哪一方面都没有仇隙，也不曾在文坛上和某一位作家发生过摩擦。”[①]对此施蛰存曾回忆道：“这两位老板(指的是洪雪帆和张静庐)，惊心于前事，想办一个不冒政治风险的文艺刊物，于是他们物色到我。我不是左翼作家，和国民党也没有关系，而且我有过编文艺刊物的经验，他们以为我是最符合于他们的期望的编者。当时，我和朋友们办的水沫书店已受战事影响而歇业！我闲着无事，就接受了现代书局的邀请，为该书局编辑一个大型文学月刊，刊名就叫作《现代》。”[②]施蛰存接受邀约，担任《现代》主编。这一份采取中间路线的文艺刊物，拥有十分广泛的作家队伍，茅盾、鲁迅、郭沫若、冯雪峰、张天翼、楼适夷、郁达夫、沈从文、周作人、戴望舒、穆时英、苏雪林等现代文学名家都曾在该刊发表文章，也由此该杂志发行之后取得极大成功。“《现代》——纯文艺月刊出版后，销量竟达一万四五千份，现代书局的声誉也连带提高了。”[③]

当然，张静庐的文艺情结绝非脱离现实的梦幻的文学王国，而是服务现实，彰显爱国情怀的文学梦。“从第一期抗战经验和教训中，建立起新的理论来；从参加前线抗战工作，实际生活的体验中，产生伟大的文学作品来；为要唤起全国民众的抗战情绪，发动民众自卫武力，编制通俗的大众读物来！这些都是有智慧的作家们的责任；也是贤明的出版家的责任。”[④]秉持这样的爱国出版理念，抗日战争爆发之后，上海杂志公司出版了一系列的抗战文艺作品，有“抗战报告文学选辑”“抗战戏剧丛刊”“战地报告丛刊”“战地生活丛刊”等20多种丛书。《西线血战》《东战场》《平汉前线》《闸北血史》等由张静庐亲自编纂，他自认为“这是抗战的史料，也是最有实效的宣传文字”。[⑤]

---

① 张静庐：《在出版界二十年》，江苏教育出版社2005年版，第102页。

② 施蛰存：《〈现代〉的始末》，载《出版史料》1984年第3期。

③ 张静庐：《在出版界二十年》，江苏教育出版社2005年版，第10页。

④ 张静庐：《在出版界二十年》，江苏教育出版社2005年版，第134页。

⑤ 张静庐：《在出版界二十年》，江苏教育出版社2005年版，第131页。

（二）服务读者的意识和经营智慧

沈松泉曾说“他（张静庐）不倦的创业精神，使我始终跟随着他，形影不离”[①]。张静庐的自传《在出版界二十年》记述了20年来上海新书事业的沿革和变迁。“将一本书从付排到装订出版，都是自己亲手照料”，他也从这些细节中体会到了“真有说不出的快乐”。[②] 自张静庐和沈松泉创办光华书局，到现代书局的创立，张静庐始终秉持着文艺情怀，致力于文艺图书的发行，而出版的可行性来说，这种文艺理想的实现还需要现实的支撑，换言之，文艺图书的推动受益于他的经营智慧。张静庐始终坚持服务读者的明确意识。正如《杂志发行经验谈》中所谈到的：“无论谁，要想办一种杂志，绝不是为给自己玩的，而自有它的目标和对象。”[③]张静庐前后创办过不少杂志，其中《现代》杂志影响深远，杂志的成功，除了明确的读者定位之外，还要有基于明确的读者定位和服务读者的意识。张静庐能体贴顾及读者的需求和心理：“一本一本五光十色的新书，斜躺在玻璃橱窗里的时候，‘巡阅使’们要拿它出来看一看，是多么不容易啊！……站在某橱窗的前面，当你的一只手还没有举起来（或许是举起来抓着头皮上发痒的），就有一位伶俐的小学徒很快地跑过来，站在你的身边，牢牢地叮着，叮着，叮到你走出他店门为止。”[④]忆及早年囊中羞涩、无力买书却对阅读神往的经历，张静庐毅然舍弃玻璃窗，而是开放陈列。“我是一个读者出身的出版家，我深切地感觉到没有钱买书而要想揩油看书的困难。所以当我创设上海杂志公司的时候，第一步办到一切新书杂志都摊放起来，绝对地并且很欢迎没有钱买书的读者自由自在地翻看他所需要的书籍和杂志。”[⑤]他给读者自由翻阅的机会，贩卖杂志时努力实现快、齐、廉的特点。这种煞费苦心满足读者需求的行为，有时甚至以亏本为代价，如良友图书公司出版的《良友》，以实价十角一本买进，却以九折卖给读者，每卖一本就亏损4分钱。但这种快齐廉的服务目标，这种“薄利多销”的策略还是给上海杂志公司带来惊人的营业额。张静庐为读者服务的意识还体现在“改订退订绝对自由”等创举上。所谓改订退订绝对自由，“就是说你不愿意看下去时，可以另外改换一种你

---

① 沈松泉：《关于光华书局的回忆》，见俞子林主编：《百年书业》，上海书店出版社2008年版，第18页。

② 张静庐：《在出版界二十年》，江苏教育出版社2005年版，第64页。

③ 张静庐：《在出版界二十年》，江苏教育出版社2005年版，第144页。

④ 张静庐：《在出版界二十年》，江苏教育出版社2005年版，第28页。

⑤ 张静庐：《在出版界二十年》，江苏教育出版社2005年版，第27页。

所愿意的。还有你要离开了,或收回这笔订款作别的用处时,就可以退订,取还订银。说得明白些,不拘什么理由,今天订下了,明天就可以退订。第一期看过了,第二期就可以改订别的"①。这种灵活的经营方式,"极有意义,并且切切实实尽了为读者服务的义务"②。

在做好为读者服务这个前提之下,张静庐十分重视图书广告,注重在杂志刊发广告。通过杂志的发行量和广泛的受众来带动图书的销售。现代书局出版的很多杂志都附有现代书局图书的广告,有研究者指出:"所以《现代》首先是现代书局的一个广告宣传物,多卖出一本刊物,也就会多有一个知道现代书局的读者。"③这种以一本刊物带动一个书局销售的情况,施蛰存也有同感,他在《〈现代〉的始末》谈中说道:"我和现代书局的关系,是雇佣关系。他们要办一个文艺刊物,动机完全是起于商业观点。但望有一个能持久的刊物,按月出版,使门市维持热闹,连带地可以多销些其他刊物。"④在另一篇文章中,施蛰存指出:"出版一种期刊,对中小型书店来说,是很有利的,如果每月出版一册内容较好的刊物,在上海市,可以吸引许多读者每月去光顾一次,买刊物之外,顺便再买几种单行本书回去。对于外地读者,一期刊物就是一册本店出版书籍广告。"⑤

张静庐对于图书宣传广告的创意还体现在《译文》杂志上。"以一个杂志的名称特做一面广告旗,这在上海还不曾有过。"⑥具体来说,鲁迅创办的《译文》杂志原本在生活书店出版,后因故停刊,此后在上海杂志公司复刊,在杂志出版的当天,张静庐在上海杂志公司门口挂起了《译文》的大旗。这面广告旗白底红字,旗面上书红色的"译文"二字。注重广告效应的张静庐本人还是个撰写广告的能手。刘纳这样评价张静庐的广告:"他改变了泰东图书局广告套语连篇的通行模式,建立起浅白通俗的广告风格。"⑦如张静庐早期为吴稚晖《朏庵客做谈话》撰写的广告词,尽管稍显啰唆,但对于图书的营销意识,广告的需求却极为明确:"书是吴稚晖先生做的,怎么叫做谈话呢?他的意思就是你心里想着问他什么,他就答你什么。比如你想看笑话,他就和你谈各种的趣事;你想去游历,他就和你说欧美的地理;你

① 张静庐:《在出版界二十年》,江苏教育出版社 2005 年版,第 115 页。
② 张静庐:《在出版界二十年》,江苏教育出版社 2005 年版,第 114—115 页。
③ 史静:《现代书局和 30 年代中国新文学》,河南大学 2005 年硕士论文。
④ 施蛰存:《〈现代〉的始末》,载《出版史料》1984 年第 3 期。
⑤ 施蛰存:《我和现代书局》,载《出版史料》1985 年第 4 辑。
⑥ 姜德明:《新文学版本》,江苏古籍出版社 2003 年版,第 109 页。
⑦ 刘纳:《创造社与泰东图书局》,广西教育出版社 1999 年版,第 76 页。

想学工艺，他就和你说制造的法子；你想去留学，他就和你说那个学校，什么章程，并且连吃的穿的住的统通告诉明白你。做这书的人，足迹走遍世界，他的见闻多，眼界广，说出来的话当然是无所不有，真可称为新知识的杂货店。要想增长见识，请你看这部书；要想到欧美去留学，更不可不看这部书。”①同时，张静庐认为宣传“最要紧的是只限说明特点，切勿夸大，尤其不必说上大堆空话”。②

张静庐是一个有着开拓精神和干劲的出版人。在《现代》杂志时候，他还将现代书局的业务延伸到了四川，亲自赴川去拓展现代书局的发行渠道：“成都书业工会同人告诉我，上海出业界中人到成都去的，还以我为第一人，所以他们要为我热烈地欢迎和欢送。”③而在具体的出版管理方面，张静庐也有自己独特的一套理念。如《现代杂志》的管理，“养成各部自动为原则，尽量使各部同事发挥他的才干，用人标准，论才具而不讲面子，渐渐地使同事对所管的职责负起责任来，对于所作的事情发生兴趣”④。再如现代书局经营陷入困难的时候，洪雪帆邀请张静庐出马，作为现代书局的“父亲”。张静庐决定合作，但提出三个基本条件：第一，内部的业务由他主持，任由他放手去做。第二，公司的事业不能视为私人产业，扩大股份，成立正式公司。第三，用人以人才为主，职员的进退，须经过二人事前的同意。“一家书店有一家书店的发行路线，等于说某一种书店自有某一种书店的发行路线。”⑤上海杂志公司，张静庐开创了贩卖杂志的“快、齐、廉”三字方针，制定了代理发行杂志的“代订退订绝对自由”方针。

张静庐的自我定位是出版商，“明白自己所负的责任的艰重，文化工作影响于民族社会的重大和深远！”⑥“出版商人似乎还有比钱更重要的意义在上面。以出版为手段而达到赚钱的目的，和以出版为手段，而图实现其信念与目标而获得相当报酬者，其演出的方式相同，而其出发的动机完全两样。”⑦保持着这样的信念，他在处理出版品的时候，十分注重品质。他曾策划《高尔基全集》的出版，购买英德日三种译本的全集，决计以三年的时间、资力从事全集的翻译。同时还打算拟定一个纲要，登报公布，以免业内

① 转引自刘纳：《创造社与泰东图书局》，广西教育出版社1999年版，第76页。
② 张静庐：《在出版界二十年》，江苏教育出版社2005年版，第140页。
③ 张静庐：《在出版界二十年》，江苏教育出版社2005年版，第104页。
④ 张静庐：《在出版界二十年》，江苏教育出版社2005年版，第103页。
⑤ 张静庐：《在出版界二十年》，江苏教育出版社2005年版，第62、63页。
⑥ 张静庐：《在出版界二十年》，江苏教育出版社2005年版，第12页。
⑦ 张静庐：《在出版界二十年》，江苏教育出版社2005年版，第136—137页。

出版社再做重复的工作，浪费精神和资力。不想这时另一家图书公司却刊登了《高尔基全集》出版预告。于是张静庐筹划的出版选题只能搁置。但等他拿到薄薄的六本《高尔基全集》时，不免失望，觉得"丢尽中国出版家的脸。"张静庐致力于出版实务的同时，还是一位有着明确文化追求的出版人。对于出版发行《译文》《作家》两本文艺刊物，张静庐说根本就不曾打算过想靠着这两本刊物赚钱。那么为什么仍要出版呢？他说是为自己，也为别人。"更含有一重重大的意义，想正在畸形发展中的杂志界，凭我们小小的努力，将出版物的水准提高起来。我认为出版家的精神堕落，这趋势比纯以赚钱为目的更可怕，更可忧虑。"①

抗战烽火蔓延的时候，张静庐依然致力于出版事业，编纂了《西线血战》《东战场》《平汉前线》《闸北血史》等几本集子。这些都成了重要的抗战史料。更可贵的是，张静庐对抗战期间的图书出版还有一个整体的判断和认识："在抗战建国时代，我们需要有建设性的学术图书，国防性的专门典籍，也能够同平时一般源源地印出来。同时更从第一期抗战经验与教训中，建起新的理论来；从参加前线抗战工作，实际生活的体验中，产生伟大的文学作品来；为要唤起全国民众的抗战情绪，发动民众自卫武力，编制通俗的大众读物来！这些都是有智慧的作家们的责任，也是贤明的出版家的责任。"②

三、洪雪帆和现代书局

洪雪帆（1899—1934），慈溪市龙山镇人。与张静庐一道于 1927 年创办现代书局。现代书局致力于新文艺图书和社会科学的出版。作为张静庐重要的合伙人，洪雪帆在现代出版史中应有一席之地。

洪雪帆与郁达夫情谊深厚。1934 年 11 月，洪雪帆过世，郁达夫曾撰文《追怀洪雪帆先生》。他指出："自从我弄起文墨，以著作当作了并非职业的职业以后，于出版界中，认识的不少事业家之内，觉得洪雪帆先生，倒是最顾情谊，最有礼貌的一个。"③

郁达夫和洪雪帆初识于长江油轮上。在郁达夫看来，"雪帆先生相貌魁梧，谈话的声气异常洪亮，面上满面红光，笑起来的时候，却有点羞涩像

---

① 张静庐：《在出版界二十年》，江苏教育出版社 2005 年版，第 12 页。
② 张静庐：《在出版界二十年》，江苏教育出版社 2005 年版，第 13 页。
③ 郁达夫：《追忆洪雪帆先生》，载《现代》1935 年第 2 期。

小女子似的妩媚”。洪雪帆初经营煤炭业，后来投身于出版事业，和张静庐一道创办现代书局。在郁达夫看来，现代书局的杂志和新书的出版，洪雪帆有着不可或缺的重要贡献。

> 现代书局的出杂志，出新书，大抵总由洪先生来和我商量；许多作家的作品及单行本之类，亦以我所介绍者为多。新起的作家的书，洪先生独鼓起了他的三分憨气，将这些生气泼辣的作品，陆续送上了读者的手头。而许多内地青年，经济能力、求知欲都没有像现在那么的衰落，所以在这一时期，现代书局既尽了它的促进文化的天职，同时也扩张了它在各省的营业。书局的根基，仅仅于一二年之中就打定了。①

在郁达夫看来，洪雪帆是在出版界相当有抱负和志向的出版人。他的文集中多次提及洪雪帆。如 1932 年，郁达夫在杭州给妻子王映霞的信中就谈道：“洪如有信来，则《弱女子》落得卖去，有一千二百元也可以了，最低不得比一千元少。这钱卖了，可以到杭州来买地皮或房子。”②他曾谈及在洪雪帆过世前三四个月的时候，曾有一番出版计划：

> 我以后想改变方针，不以营利为本位，就是蚀本，也想出几部在文化史上有地位的书。一般作家，实在太苦不过，假若是可能的话，我先想出一种无名作家的丛书，将这丛书的利润提出来，专作救济穷作家之用，积成一种扶助作家的基金，将来或者也许要请你当一位义务的委员。③

说这番话的洪雪帆，已经身形消瘦，说话很幽很缓慢，这在张静庐的自传中也有回忆。郁达夫追忆中提到：“于根基固定之后的两三年中，洪先生和他的合伙人中间，似乎经过了不少的风波磨难。”内忧外患，加上很多图书被查禁，现代书局的维持举步维艰。在洪雪帆过世之后，现代书局也因负债等问题关门大吉。从中国现代文人与洪雪帆的交往来看，洪雪帆一直是在出版文化方面有抱负的一员。如 1934 年 2 月 9 日胡适日记还提到了

① 郁达夫：《追忆洪雪帆先生》，载《现代》1935 年第 2 期。
② 《书信集·致王映霞》，见《郁达夫全集》第 6 卷，浙江大学出版社 2007 年版，第 217 页。
③ 郁达夫：《追忆洪雪帆先生》，载《现代》1935 年第 2 期。

洪雪帆："到现代书局看洪雪帆，谈《独立》代派事。"①张静庐、洪雪帆这两位昔日好友，现代书局的创办者，两位在现代出版史上大有作为的浙江人，到底经历了怎样的波折磨难？这是值得进一步追究的问题。比如施蛰存就认为张静庐是一个"极工心计"的人，洪雪帆邀请他再次加盟现代，张静庐就独揽大权，洪雪帆只能"坐在经理室中，除了在收支单据上签字盖章以外，几乎无事可做"②。但可以肯定的是，在文化浙商的群体中，洪雪帆是不该被忘却的一位。

第二节　胡愈之与现代出版文化

陈原在《三个读书人：一部"书史"》中指出三个读书人——张元济、邹韬奋、胡愈之"三个智者写下一部中国近百年的书史，即近百年中国的出版社会史；实际上可以看作近百年中国社会史的一个重要的侧面"③。在陈原看来，较之于晚清进士的张元济和上过洋人在中国设立大学的邹韬奋来说，胡愈之只读过初中，他的浩瀚知识都是自学得来的，但他却是一位活跃的社会活动家："写得一手好文章，尖锐泼辣，蜚声海内外，虽不以专著传世，却能在不同的条件下团结各个阶层的有识之士，进行社会活动，且创办各种文化事业。"④作为新文化出版事业的开拓者之一，胡愈之曾主编过《东方杂志》、《文学》周报、《公理日报》、《生活日报》、《世界知识》、《南洋商报》、《风下》周刊、《南侨日报》、《光明日报》等颇有影响的报纸杂志，是一位集出版家、编辑、作家、翻译家、记者于一身，成就卓越的全才型的学者。

一、胡愈之与商务印书馆

胡愈之(1896—1986)，1896年9月9日(农历八月初三)出生于浙江省上虞县，原名学愚。胡愈之自幼聪明好学，三四岁开始识字，5岁就能吟诗对句，开蒙读书时便已读《鉴略》《西游记》等闲书。"在本县高等小学里我

① 胡适：《胡适全集第32卷》，安徽教育出版社2003年版，第297页。

② 施蛰存：《沙上的脚迹》，辽宁教育出版社1995年版，第65页。

③ 陈原：《三个读书人：一部"书史"——商务印书馆创业百周年随想》，见《商务印书馆一百年1897—1997》，商务印书馆1998年版，第237页。

④ 陈原：《三个读书人：一部"书史"——商务印书馆创业百周年随想》，见《商务印书馆一百年1897—1997》，商务印书馆1998年版，第238页。

读了五年，差不多已修完了现在的初级中学的功课。那时候学制是非常杂乱的。我在高小里，国文是已熟读了《古文辞类纂》里百余篇的选文，数学学过了大代数，历史看完了《御批通鉴辑览》，地理学完了屠寄韵《寰瀛全志》，物理、化学、博物、生理学过了一点。"[①]在学习之外，胡愈之在小学时还经常阅读《新民丛报》、《浙江潮》、谭嗣同的《仁学》等书报。良好的家庭、学校教育和博览群书的学习，扩展了胡愈之的视野，为其打下了良好的文化基础。正是在这种宽松的氛围之下，10 多岁的胡愈之便萌发了办报纸的念头。据好友吴觉农回忆。在十二三岁时，胡愈之就曾邀约好友来办报纸。他和弟弟仲持、堂弟伯恳摘录上海报纸上的消息，加上标题，以小楷抄写在大张毛边纸上，分送给关心时局的同学和亲友阅读。[②] 这可谓胡愈之最早的报刊实践。

1911 年，胡愈之考入绍兴府中学堂。当时留日回国的鲁迅正担任该校学监、博物教员。鲁迅在府中执教期间，怀着极大的兴趣整理古籍，从事文物考古工作，用古越先贤的爱国思想启迪学生。在他的关怀和指导下，胡愈之研读了《康熙会稽县志》《道光会稽县志》等古籍。[③] 辛亥革命的爆发之后，应蔡元培之邀，鲁迅到南京教育部任职，胡愈之与鲁迅的师生情缘告一段落："我这太短促的中学时代从此便闭幕了。但是至今我还怀想着这热烈奔放的少年期，我痴心盼望这紧张兴奋的 1911 年时代重又到临。"[④]此后，胡愈之到杭州英文专科学校就读，学校停办，加之家境窘迫，于是结束学校学习转而拜在绍兴名宿薛郎轩门下专习国文。

1914 年，因得张元济赏识，18 岁的胡愈之被录取为商务印书馆编辑所的练习生，开始了繁杂而琐碎的编务工作：书写工具书索引，翻译背景材料，校对，与印刷工序对接，做读者服务工作等。同时，这位仅有初中二年级学历的练习生在商务印书馆编译所的涵芬楼拼命读书，此后的三四年间，胡愈之熟练掌握了英语、日语，还参加世界语的函授学习。与他同在商务印书馆工作过的茅盾先生曾回忆"胡愈之身材矮小，头特别大，脸长额宽……总拿着什么外国报刊，低头疾走，不大跟别人招呼"。而对胡愈之来说，商务印书馆正是他的理想之地，他曾回忆说："做编辑出版工作，我是非常满意的。我对这个工作很有兴趣，还在小学时，我就爱看父亲订的报刊，

---

① 胡愈之：《我的中学生时代》，见《胡愈之文集第 6 卷 1961. 7—1986. 1》，生活·读书·新知三联书店，1996 年版，第 259 页。

② 吴觉农：《胡愈之印象记》，中国友谊出版社 1989 年版，第 33—34 页。

③ 朱顺佐、金普森：《胡愈之传》，杭州大学出版社 1991 年版，第 9 页。

④ 《中学生》杂志总第 16 号，1931 年 6 月。

成了一个'读报迷'。后来我还和二弟仲持、从弟伯悬,一起编了一个家庭'杂志',那是用手抄在黄草纸上的'杂志',内容有论文,有小说,也有插图,很是热闹。这个'杂志'竟坚持了三四年,共出了四五十册,直到两个弟弟都离家到外地求学才停止。所以进'商务'正是我的理想。"①

胡愈之曾三度在商务印书馆编辑部工作(1914—1927,1931—1932,1932—1933),不过他与商务印书馆最紧密的联系是《东方杂志》,或者说《东方杂志》是胡愈之在商务印书馆的练兵场。1915年,胡愈之与《东方杂志》结缘,成为其编辑,主要工作是选择并译介欧美杂志上的文章。从发表的第一篇长篇译作《英国与欧洲大陆间之海底隧道》开始,到1919年底,胡愈之曾以胡愈之、愈之、蠢材、罗罗等笔名刊发200多篇译文,内容涉及科学技术、国际局势、理论等。1920年,胡愈之和郑振铎、茅盾等共同发起成立"文学研究会",倡导文学为人生、为现实的文学理念。经过在商务印书馆的多年磨砺,胡愈之已然成为商务编译馆的中坚力量,"在文化界也小有名气和影响了"。但是,胡愈之并未在文学上继续探索,在五四前后至1923年期间,他对文学抱有深厚的兴趣,先后在多家刊物上发表文章,还是文学研究会在上海的发起者和参加者之一。但到1922年5月后,"发生了创造社与文学研究会的争论,我当时也主张为人生的艺术,不满创造社个人主义文艺思想。但是后来争论越来越激烈,使我感到文学界这种派别之争很麻烦。同时,这时我的兴趣又逐渐转向新闻工作和国际问题的研究,所以慢慢地和文学界疏远了,后来几乎完全脱离了文学界"②。

1927年"四一二"反革命政变的次日,胡愈之给国民党中央委员会写了一封抗议书,信中说:"三·一八惨案之段祺瑞无比横暴,五卅惨案之英国刽子手无比凶残,而我神圣之革命军人,乃竟忍心处之。目睹此率兽食人之惨剧,万难苟安缄默。"由此遭到通缉,流亡法国。对此周恩来在抗战时期曾说:"中国知识分子是有勇气、有骨气的,'四一二'之后有两件事我一直不会忘记",其中之一便是"胡愈之、郑振铎他们写的抗议信","这是中国正直知识分子的大无畏的壮举"。就在欧洲避难与求学期间,胡愈之还曾以《东方杂志》特约记者的名义对欧洲各国进行考察与报道。1931年,胡愈之结束在法国的流亡生活。1932年8月《东方杂志》复刊,胡愈之出任《东方杂志》主编。在接任《东方杂志》主编职位之后,胡愈之对其内容和形式都做了较大的改动。在10月10日复刊号的卷头语提出刊物的主旨是"创

---

① 胡愈之:《我的回忆》,江苏人民出版社1990年版,第6页。
② 胡愈之:《我的回忆》,江苏人民出版社1990年,第8—9页。

造本刊的新生，创造民族的新生”。在《本刊的新生》进一步指出：“以文字作分析现实指导现实的工具，以文字作民族斗争社会斗争的利器，我们将以此求本刊的新生，更以此求中国知识者的新生。”[①]1933年，胡愈之策划了《东方杂志》的“新年的梦想”特辑，策划和实施了“新年的梦想”的征文活动。征稿信如下：

> 因此我们特发起，在一九三三年的新年，让我们大家来做一回好梦。对于理想的中国，理想的个人生活，各人应该有各人不同的梦。我们打算把这些梦搜集起来，在《东方杂志》新年号发表。下面附着两个问题，我们诚恳地请求先生填写了答案，在十一月底以前寄给我们。要是先生不把我们这个提议，当作“痴人说梦”，盼望先生不至拒绝我们这个琐细的请求。（问题一）先生梦想中的未来中国是怎样（请描写一个轮廓或叙述未来中国的一方面）。（问题二）先生个人的生活中有什么梦想？（这梦想当然不一定是能实现的）。[②]

以“新年的梦想”（包括“梦想的中国”和“梦想的个人生活”两部分）为征文题目，通过说梦的形式，提供了反应知识分子心声的路径，徐悲鸿、巴金、老舍等各界知名人士142人参加了征文，一共写了244个梦，这些文章对当时的时局与现实有着深刻的洞察。鲁迅曾在《听说梦》中对《东方杂志》新年特大号中“新年的梦乡”，发表一针见血的评论：“记者的苦心，我是明白的，想必以为言论不自由，不如来说梦，而且与其说真话之假，不如来谈谈梦之真。”[③]多年之后，胡愈之在回忆录中谈到，《东方杂志》是一个很有影响的刊物，失去这样一个阵地是很可惜的，后来鲁迅先生也说没有必要搞这样一个“梦”的专栏。今天回过头来看，当时我们如果做得更策略一些，保持这块阵地，对革命文化工作的发展更有利。[④] 1933年《东方杂志》第30卷第6号刊登了东方杂志社和胡愈之的启事：“鄙人与商务印书馆订约编辑《东方杂志》，至本期止，契约业已满期。自第三十卷第七号起，不再由鄙人负责编辑。此后除抽暇仍当投入本志外，最近时期内，拟专力写作《国

---

① 胡愈之：《本刊的新生》，载《东方杂志》第29卷第4号。

② 载《东方杂志》第29卷第6号，1932年11月16日。

③ 鲁迅：《听说梦》，载《文学杂志》第一号，1933年4月15日，转引自《鲁迅全集　编年版　第7卷 1933》，人民文学出版社2014年版，第15页。

④ 胡愈之：《我的回忆》，江苏人民出版社1990年版，第23页

际政治经济地图》及《苏联的现势》二书，此外不担任其他职务。倘蒙赐函，请由上海汉口路申报馆胡仲持君转交。知承友好眷注，并此附闻。"胡愈之辞别《东方杂志》，离开商务印书馆，开始了他在生活书店的出版生涯。

二、胡愈之与生活书店

胡愈之和生活书店的结缘，与时任《生活》周刊主编的邹韬奋有着紧密联系，而邹韬奋和胡愈之的结识与《莫斯科印象记》密不可分。1931 年，胡愈之从法国学习归来，途经苏联进行为期一周的参观，回国之后撰写了《莫斯科印象记》。该书出版引起巨大反响，一年内再版 5 次。鲁迅先生曾写道："这一年遇到两本不必用心戒备居然看完了的书，一是胡愈之先生的《莫斯科印象记》，一就是《苏联见闻录》。"1931 年 10 月，深受《莫斯科印象记》感染的邹韬奋在上海闸北宝山路东方图书馆与胡愈之见面，畅谈三个多小时，并邀约胡愈之为《生活》周刊撰写文章。这就是当年国庆特刊上的《一年来的国际》。此后，胡愈之以"伏生"为笔名，为《生活》周刊撰写了许多国际问题的文章。这些文笔老辣、见解犀利独到的文章，深受《生活》读者喜欢。在《生活》周刊被查禁之后，胡愈之又与同事策划了《新生》周刊。此外，胡愈之还多方联系作家，除出版图书外还筹划创办了许多刊物，其中影响较大的是四大杂志：《文学》月刊（郑振铎、傅东华主编）、《太白》半月刊（陈望道主编）、《译文》月刊（鲁迅主持、黄源出面主编）和《世界知识》半月刊（胡愈之主持、毕云程出面主编）。

陈原曾撰文谈及胡愈之对《生活》周刊和邹韬奋的影响："邹韬奋由主编中华职业教育社的《生活周刊》（1929）到创办生活书店（1932），是他生活和思想的一大飞跃。这不光是他个人的思想飞跃，这甚至可以说是近代中国出版事业的一大飞跃。……书籍杂志成为新的启蒙运动的武器，它教育群众，鼓舞群众，武装读者的头脑，引导他们走向抗击侵略，变革社会的大道。"他进一步指出，邹韬奋这种飞跃的实现，"不容置疑是时代迫成的，但在现实进程中，不能抹煞邹的新交却又是深知的朋友胡愈之的诱导"①。1932 年 7 月在胡愈之的策划下，邹韬奋创办起了书店。胡愈之应约起草了生活书店章程，参加了生活书店的许多店务和编务。1933 年，他还协助韬奋进一步把生活书店改组成为出版合作社，规定"经营集体化、管理民主

① 《三个读书人：一部"史书"》，见《商务印书馆一百年 1897—1997》，商务印书馆 1998 年版，第 241 页。

化、赢利归全体的原则"。而在邹韬奋出国之后，胡愈之鼎力相助，邹韬奋曾说："本店在我出国后，由于诸位努力，在我出国后的第二年间，不但不衰落，而且有着长足的进展……愈之先生的热心赞助，策划周详。""为本店发展史上造出最灿烂的一页。"[①]为此，陈原认为尽管胡在生活书店并不担任什么领导职务，但是胡愈之显然是生活书店的"灵魂"，或者说"设计师"。邹韬奋曾经诙谐幽默地概括过胡愈之在生活书店中的形象："是本店最有功勋的一位同事。他在生活周刊时代，就经常替我们写国际文章。他参加本店创办时的计划，等于本店大宪章的《社章》就是由他起草的。他对本店的重大贡献不仅是编审，在实际上是包括了我们的整个事业。"[②]

胡愈之出版中的一大事件是组织出版《鲁迅全集》二十卷，这也是孤岛时期中国文学出版的一大奇迹。《鲁迅全集》600 万字，可谓规模庞大。胡愈之动员了 100 余名学者、作家参与编辑校对，对此事许广平在全集编校《后记》中也给以高度评价："幸胡愈之先生本一向从事文化工作之热忱，积极计划全集出版事宜，经几许困难，粗具规模……六百万言之全集，竟得于三个月中短期完成，实开中国出版界之奇迹。"其实，在《鲁迅全集》之前，胡愈之已组织"复社"，通过《西行漫记》的出版创造了孤岛时期翻译、出版的奇迹，也为《鲁迅全集》的出版积累了经验。在胡愈之的运筹帷幄下，《鲁迅全集》的出版采用预约征订、预收书款等办法操作。为此，他做了两件重要的工作。一是请宋庆龄和国民党元老蔡元培先生出面支持；蔡先生还题写了书名，还写了精彩的序言，赞誉鲁迅是："最近时期，为旧文学殿军的，有李越缦先生，为新文学开山的有周豫才先生即鲁迅先生。"二是组织陶行知、王纪元、巴金、茅盾、周恩来等人四处推介精装纪念本，书还未出，已实现认购百余部，预收款 4 万余元，保证了全集的出版。当然，作为一个出版者，胡愈之还照顾到普通读者的购买能力，尤其是在战乱困窘的局势下，为此，在出版精装纪念本的同时，还推出了普及本，较之于纪念本 100 元的高价格，普及本每套仅 8 元。

作为一名优秀的文化出版人，胡愈之的研究资料相对较多，中国友谊出版社曾出版《胡愈之印象记》(1989 年 2 月)，江苏人民出版社出版过胡愈之《我的回忆》(1990 年 7 月)，杭州大学出版社出版过朱顺佐、金普森的《胡愈之传》。这些图书都曾详细考察胡愈之的文化出版事业。故此，本书只

---

① 邹韬春：《长足的发展》，见《韬春全集增补本 9》，上海人民出版社 2015 年版，第 738 页。

② 邹韬奋：《我们的胡主席》，原载《店务通讯》72 期，见《韬奋全集增补本 9》，上海人民出版社 2015 年版，第 256 页。

是简述相关情况。除上文提到的重要出版事迹之外，在刊物方面，胡愈之编辑、主编或筹划创办的刊物还有《妇女生涯》《世界知识》《团结》《上海人报》《集纳》《译报》《国民公论》《南洋商报》《南侨日报》《风下》《新妇女》等。中华人民共和国成立之后，有着丰富出版经验的胡愈之被任命为出版总署署长，为初步搭建社会主义出版工作的新框架贡献良多。

结　语

朱联保的《近现代上海出版业印象记》反映了上海近现代出版行业的概貌。当年行走活跃在这出版机构、书店林立的棋盘街、文化街的人群中，有不少浙江才俊的身影。“在中国的新式出版事业中，张菊生确实是开辟草莱的人。他不但是个有远见、有魄力的企业家，同时又是一个学贯中西、博古通今的人……”[①]这是茅盾对张元济的评价。“三十年间，中华书局出版新旧书籍近二万种，皆先生主持之力。其一生事业，固全在书业。”这是舒新城对陆费逵的赞许。而世界书局的沈知方则被誉为是“无人能够堪与比肩”的“老书坊里杰出人才”，还有儿童书局的张一渠，在“这条书店充盈的大街上，一渠先生的名气之大，仅次于商务印书馆的王云老而已。”[②]张元济、陆费逵、章锡琛、沈知方、张一渠、吕子泉、张静庐、胡愈之……每一位出版者名字都是铭刻在现代出版文化发展史上的光辉印迹。这一批在现代出版进程中有着卓越功绩的文化浙商，以其智慧和才情默默构建和拓展了现代出版文化，以书籍、刊物等多种形式弘扬传播了中外优秀文化。在这些专业出版人物之外，还有许多从事文学译著、艺术创作的浙江才俊，也以各种方式涉足现代出版的探索，如徐志摩曾创办新月书店，陈望道曾创办大江书铺，黄宾虹曾创办神州国光社，钱君匋曾创办万叶书店。

耕耘于现代出版园地的文化浙商还是具有凝合力和辐射力的存在，这一点尤为可贵。从个体意义来说，每一位出版者都是富有个性与才识的建功立业者；从群体来说，不论是出于同乡情谊抑或亲友关系，这些出类拔萃的出版者还在一定程度上完成了训练和培育现代出版力量的历史使命。如张元济加盟商务印书馆之后延揽汇聚了各类人才，大家齐心协力书写了

① 茅盾：《商务印书馆编译所》，《我走过的道路》(上)，人民文学出版社 1981 年，第 122—123 页。

② 邱各容：《全国第一家儿童书局创办人——张一渠》，见《儿童文学史料初稿 1945—1989》，富春文化事业股份有限公司 1990 年版，第 128—129 页。

商务作为私营书业的龙头老大的辉煌。同时商务印书馆亦成为培育出版家的摇篮。中华书局的创办者陆费逵，世界书局的创办者沈知方，大东书局的创办者吕子泉，开明书店的创办者章锡琛等都曾在商务馆任职。换言之，当年在商务印书馆的历练积累成为日后他们独立门户的重要基础。同时，父子、兄弟、叔侄等互相扶植共同打拼，也是文化浙商成功的另一段佳话。如开明的章氏兄弟、中华的陆氏兄弟，大东的吕子泉、吕海珊父子，世界书局沈知方与开启明书店的儿子沈志明、侄子大东书局的创办人之一沈骏声等。

本书立足于中国近现代出版文化历史进程，择取了商务印书馆、中华书局、世界书局等由文化浙商创办或主营的出版机构，以张元济、陆费逵、沈知方等为重点，探寻文化浙商丰厚的历史内蕴和多重现实意义。当然，这种出版文化面向的阐述只是探寻文化浙商价值和意义的一种尝试。作为一种经济和文化交融的存在，文化浙商是一个值得从经济、文化、社会等多元面向深入研究的课题，而这也正是本课题今后可以继续拓展的方向。

参考文献

专 著

[1] 罗贝尔·埃斯卡皮. 文学社会学[M]. 王美华，于沛，译. 合肥：安徽文艺出版社，1987.
[2] 皮埃尔·布尔迪厄. 艺术的法则——文学场的生成和结构[M]. 刘晖，译. 北京：中央编译出版社，2001.
[3] 约翰·霍布森. 西方文明的东方起源[M]. 孙建党，译. 济南：山东画报出版社，2009.
[4]《北京出版史志》编辑部编. 北京出版史志第 4 辑[M]. 北京：北京出版社，1994.
[5] 中国出版科研所科研办公室编. 近现代中国出版优良传统研究 第七届全国出版科学学术讨论会论文选集[C]. 北京：中国书籍出版社，1994.
[6] 商务印书馆九十年 我和商务印书馆 1897－1987[C]. 北京：商务印书馆，1987.
[7] 商务印书馆一百年 1897－1997[C]. 北京：商务印书馆，1998.
[8] 中国出版工作者协会编. 我与开明 1926－1985[C]. 北京：中国青年出版社，1985.
[9] 张元济. 张元济全集[M]. 北京：商务印书馆，2007，2008，2009，2010.
[10] 庄俞，贺圣鼐编. 最近三十五年之中国教育[M]. 北京：商务印书馆，1931.
[11] 阿英. 晚清小说史[M]. 北京：东方出版社，1996.
[12] 包天笑. 钏影楼回忆录[M]. 香港：大华出版社，1971.
[13] 鲍杰主编. 论近代宁波帮[M]. 宁波：宁波出版社，1996.
[14] 蔡元培. 蔡元培全集第 7 卷 1931－1934[M]. 杭州：浙江教育出版

社，1997.
[15] 曹雷编. 曹聚仁书话[M]. 北京：北京出版社，1998.
[16] 陈亮. 陈亮集[M]. 北京：中华书局，1987.
[17] 陈学文. 龙游商帮研究——近代中国著名商帮之一[M]. 杭州：杭州出版社，2004.
[18] 邓集田. 中国现代文学出版平台(1902—1949)：晚清民国时期文学出版情况统计与分析[M]. 上海：上海文艺出版社，2012.
[19] 叶昌炽. 藏书纪事诗[M]. 北京：北京燕山出版社，2008.
[20] 丁申. 武林藏书录[M]. 上海：古典文学出版社，1957.
[21] 丁言伟，丁言模编. 百年商旅——宁波帮[M]. 广州：广东出版社，2001.
[22] 董平. 浙江思想学术史·从王充到王国维[M]. 北京：中国社会科学出版社，2005.
[23] 范伯群. 中国现代通俗文学史(插图本)[M]. 北京：北京大学出版社，2007.
[24] 范锴. 吴兴藏书录[M]. 上海：古典文学出版社，1957.
[25] 方汉奇. 方汉奇自选集[M]. 北京：人民大学出版社，2007.
[26] 方汉奇. 中国近代报刊史[M]. 太原：山西人民出版社，1981.
[27] 傅红英. 夏丏尊评传[M]. 北京：中国社会科学出版社，2012.
[28] 高力克. 调适的智慧——杜亚泉思想研究[M]. 杭州：浙江人民出版社，1998.
[29] 戈公振. 中国报学史(插图整理本)[M]. 上海：上海古籍出版杜，2003.
[30] 顾长声. 传教士与近代中国[M]. 上海：上海人民出版社，1991.
[31] 顾志兴. 浙江藏书家藏书楼[M]. 杭州：浙江人民出版社，1987.
[32] 顾志兴. 浙江藏书史[M]. 杭州：杭州出版社，2004.
[33] 贺宜主编. 儿童文学研究第八辑[C]. 上海：少年儿童出版社，1981.
[34] 洪焕椿. 浙江文献丛考[M]. 杭州：浙江人民出版社，1983.
[35] 洪九来. 宽容与理性——《东方杂志》的公共舆论研究[M]. 上海：上海人民出版社，2006.
[36] 胡愈之. 我的回忆[M]. 南京：江苏人民出版社，1990.
[37] 黄良吉.《东方杂志》的刊行及其影响之研究[M]. 台北：台湾商务印书馆，1969.
[38] 姜德明. 新文学版本[M]. 南京：江苏古籍出版社，2003.
[39] 金普森主编. 浙江通史[M]. 杭州：浙江人民出版社，2006.

[40] 孔另境. 横眉集[M]. 上海:世界书局,1939.
[41] 来新夏等. 中国近代图书事业史[M]. 上海:上海人民出版社,2000.
[42] 李春雨. 出版文化与中国文学的现代转型[M]. 北京:北京语言大学出版社,2011.
[43] 李家驹. 商务印书馆与近代知识文化的传播[M]. 北京:商务印书馆,2005.
[44] 李雪梅. 中国近代藏书文化[M]. 北京:现代出版社,1999.
[45] 李约瑟. 中国科学技术史[M]. 上海:上海古籍出版社,2010.
[46] 林正秋. 浙江经济文化史研究[M]. 杭州:浙江古籍出版社,1989.
[47] 刘纳. 创造社与泰东图书局[M]. 南宁:广西教育出版社,1999.
[48] 刘少文. 大众媒体打造的神话——论张恨水的报人生活与报纸化文本[M]. 北京:中国社会科学出版社,2006.
[49] 陆费逵. 实业家之修养[M]. 北京:中华书局,1929.
[50] 吕达主编. 陆费逵教育论著选[M]. 北京:人民教育出版社,2000.
[51] 吕福新. 浙商转型研究[M]. 北京:中国发展出版社,2006.
[52] 茅盾. 我走过的道路[M]. 北京:人民文学出版社,1981.
[53] 钱炳寰编. 中华书局大事纪要 私营时期 1912－1954[M]. 北京:中华书局,2002.
[54] 邱各容. 儿童文学史料初稿 1945－1989[M]. 台北:富春文化事业股份有限公司,1990.
[55] 芮和师,范伯群,郑学弢. 鸳鸯蝴蝶派文学资料[M]. 北京:知识产权出版社,2010.
[56] 沙莲香. 中国民族性[M]. 北京:中国人民大学出版社,1989.
[57] 商务印书馆编. 商务印书馆百年大事记 1897—1997[M]. 北京:商务印书馆,1997.
[58] 邵海忠,周以成,朱锦东编著. 浙江印刷文化[M]. 北京:中国文联出版社,2006.
[59] 施蛰存. 沙上的脚迹[M]. 沈阳:辽宁教育出版社,1995.
[60] 寿勤泽. 浙江出版时研究民国时期[M]. 杭州:浙江大学出版社,1994.
[61] 舒新城. 中国近代教育史资料[M]. 北京:人民教育出版社,1981.
[62] 宋应离,袁喜生,刘小敏. 20 世纪中国著名编辑出版家研究资料汇辑(第 5 辑)[C]. 郑州:河南大学出版社,2005.
[63] 宋原放主编. 中国出版史料(近代部分)[C]. 武汉:湖北教育出版社,2004.

[64] 宋原放主编. 中国出版史料(现代部分)[C]. 济南:山东教育出版社,2001.
[65] 唐力行. 商人与中国近世社会[M]. 杭州:浙江人民出版社,1993.
[66] 陶士和. 民国浙江史研究[M]. 西安:陕西人民出版社,2003.
[67] 陶水木. 浙江商帮与上海经济近代化研究[M]. 上海:上海三联书店,2000.
[68] 滕复等编著. 浙江文化史[M]. 杭州:浙江人民出版社,1992.
[69] 汪家熔. 大变动时代的建设者:张元济传[M]. 成都:四川人民出版社,1985.
[70] 汪家熔. 近代出版人的文化追求[M]. 南宁:广西教育出版社,2003.
[71] 汪家熔. 民族魂——教科书变迁[M]. 北京:商务印书馆,2008.
[72] 王春霞,刘惠新. 近代浙商与慈善公益事业研究 1840—1938[M]. 北京:中国社会科学出版社,2009.
[73] 王国维. 五代两宋监本考[M]. 北京:商务印务馆,1976.
[74] 王河主编. 中国历代藏书家辞典[M]. 上海:同济大学出版社,1991.
[75] 王嘉良主编. 浙江 20 世纪文学史[M]. 北京:中国社会科学出版社,2000.
[76] 王建辉. 老出版人肖像[M]. 南京:江苏教育出版社,2003.
[77] 王孝通. 中国商业史[M]. 北京:商务印书馆,1936.
[78] 王余光,吴永贵,阮阳. 中国新图书出版业的文化贡献[M]. 武汉:武汉大学出版社,1998. 王余光,吴永贵. 中国出版通史 8 民国卷[M]. 北京:中国书籍出版社,2008.
[79] 商务印书馆九十五年 我和商务印书馆 1897—1992[M]. 北京:商务印书馆,1992.
[80] 王智毅. 周瘦鹃研究资料[M]. 天津:天津人民出版社,1993.
[81] 谢菊曾. 十里洋场的侧影[M]. 广州:花城出版社,1983.
[82] 忻平. 王韬评传[M]. 上海:华东师范大学出版社,1990.
[83] 熊月之. 西学东渐与晚清社会[M]. 上海:上海人民出版社,1994.
[84] 许敏. 上海通史 第 10 卷 民国文化[M]. 上海:上海人民出版社,1999.
[85] 杨洪承. 文学社群文化形态学[M]. 合肥:安徽出版社,1998.
[86] 杨扬. 商务印书馆:民间出版业的兴衰[M]. 上海:上海教育出版社,2000.
[87] 杨轶清. 浙商简史[M]. 杭州:浙江人民出版社,2013.
[88] 姚公鹤. 上海闲话[M]. 上海:上海古籍出版社,1989.

[89] 叶圣陶,冰心等. 我和儿童文学[M]. 上海:少年儿童出版社,1980.
[90] 叶圣陶. 叶圣陶语文教育论集[M]. 北京:教育科学出版社,1980.
[91] 叶宋曼瑛. 从翰林到出版家:张元济的生平与事业[M]. 香港:商务印书馆,1992.
[92] 叶再生. 中国近代现代出版通史[M]. 北京:华文出版社,2002.
[93] 叶子铭. 编辑家茅盾评传序[M]. 郑州:河南大学出版社,1995.
[94] 尹铁. 浙商与近代浙江社会变迁[M]. 北京:中国社会科学出版社,2010.
[95] 尹铁著. 浙商与近代浙江社会变迁[M]. 北京:中国社会科学出版社,2010.
[96] 俞筱尧,刘彦捷编. 陆费逵与中华书局[M]. 北京:中华书局,2002.
[97] 俞子林. 百年书业[M]. 上海:上海书店出版社,2008.
[98] 袁进. 鸳鸯蝴蝶派[M]. 上海:上海书店出版社,1994.
[99] 张静庐. 在出版界二十年[M]. 南京:江苏教育出版社,2005.
[100] 张静庐. 张静庐自传[M]. 上海:上海书店出版社,1984.
[101] 张静庐辑注. 中国近现代出版史料(近代初编)[M]. 上海:上海书店出版社,2003.
[102] 张静庐辑注. 中国现代出版史料丁编 [C]. 北京:中华出版社, 1959
[103] 张静庐辑注. 中国现代出版史料 甲编 1919－1927[C]. 北京:中华书局, 1954.
[104] 张静庐辑注. 中国现代出版史料乙编[C]. 北京:中华出版社, 1954
[105] 张静庐辑注. 中国出版史料补编[C]. 北京:中华书局,1957.
[106] 张静庐辑注. 中国现代出版史料丙编[C]. 上海:上海书店出版社, 2011.
[107] 张树年主编. 张元济年谱[M]. 北京:商务印书馆,1991.
[108] 张学继. 出版巨擘——张元济传[M]. 杭州:浙江人民出版社,2003.
[109] 张元济,傅增湘. 张元济傅增湘论书尺牍[M]. 北京:商务印书馆,1983.
[110] 张元济. 教育救国论[M]. 北京:高等教育出版社,2010.
[111] 张元济. 张元济全集[M]. 北京:商务印书馆,2008.
[112] 张元济. 张元济诗文[M]. 北京:商务印书馆,1986.
[113] 浙江省政协文史资料委员会编. 浙江文史资料选辑[M]. 杭州:浙江人民出版社,1996.
[114] 郑逸梅. 清末民初文坛轶事[M]. 上海:学林出版社,1987.

[115] 郑逸梅. 书报话旧[M]. 上海:学林出版社,1983.
[116] 中华书局编辑部编. 回忆中华书局[M]. 北京:中华书局,1987.
[117] 中华书局编辑部编. 中华书局百年大事记 1912—2011[M]. 北京:中华书局,2012.
[118] 朱联保. 近现代上海出版业印象记[M]. 上海:学林出版社,1993.
[119] 邹依仁. 旧上海人口变迁的研究[M]. 上海:上海人民出版社,1980.
[120] 汪耀华. 1843 年开始的上海出版故事[M]. 上海:上海人民出版社,2014.
[121] 夏慧夷. 近代浙江出版家群体研究[M]. 杭州:浙江大学出版社,2014.
[122] 于友. 胡愈之传[M]. 北京:新华出版社,1993.
[123] 项文惠. 嘉业堂主:刘承干传[M]. 杭州:浙江人民出版社,2005.
[124] 胡愈之. 我的回忆[M]. 南京:江苏人民出版社,1990.
[125] 汪耀华选编. 民国书业经营规章[M]. 上海:上海书店出版社,2006.
[126] 汪耀华编著. 上海书业同业公会史料与研究[C]. 上海:上海交通大学出版社,2010.
[127] 汪耀华. 1843 年开始的上海出版故事[M]. 上海:上海人民出版社,2014.
[128] 姚一鸣. 中国旧书局[M]. 北京:金城出版社,2014.
[129] 徐雁. 中国旧书业百年[M]. 北京:科学出版社,2005.

参考论文

[1] 杭州商学院学报编辑室. 浙江商业史研究[J]. 杭州商学院学报,1983,1.
[2] 曹聚仁. 我与我的世界[J]. 新文学史料,1981,1.
[3] 陈昌文. 上海近代出版业对都市人口的吸收与整合[J]. 上海师范大学学报(哲学社会科学版)2003,4.
[4] 陈梦熊. 陈伯吹谈儿童书局的信[J]. 出版史料,2004,1.
[5] 李思敬. 百年读史的思绪——商务印书馆的创业与中国近代史上的思想革新[J]. 出版广角,1998,1.
[6] 林建平. 论浙江教育家在近代教科书出版中的作用[J]. 浙江教育学院学报,2009,5.

[7] 刘纳.社团、势力及其它——从一个角度介入五四文学史[J].中国现代文学研究丛刊,1999,3.
[8] 楼炜春.儿童书局及其创办人张一渠[J].出版史料,1990,1.
[9] 倪墨炎.解放前出版社简介[J].出版史料,1989,2.
[10] 潘猛补.浙江书局史略[J].图书馆研究与工作,1991,1.
[11] 齐晓艳.张静庐出版思想研究[D].保定:河北大学,2011.
[12] 史静.现代书局和30年代中国新文学[D].郑州:河南大学,2005.
[13] 苏嘉.张静庐的身世和青少年时代[J].出版史料,2002,4.
[14] 陶水木.论近代浙商精神[J].商业经济与管理,2001,1.
[15] 汪家熔.史料杂录三[J].出版发行研究,1994,5.
[16] 王建辉.张静庐——刊行杂志整理史料有功之人[J].出版广角,2001,9.
[17] 王益,王仿子,方厚枢.推动出版史的研究和学习——谈我国出版史料著作和史料出版[J].出版文化,2000,3.
[18] 尹铁.论近代浙商崛起的社会历史条件[J].浙江教育学院学报,2007,4.
[19] 张一渠.三点意见[J].读书月刊,1937,1.
[20] 章士敭.章锡琛与开明书店[J].出版史料,2003,3.
[21] 朱联保.关于世界书局的回忆[J].出版史料,1987,2.
[22] 李秀卿.革命文艺的拓荒者:楼适夷研究[D].上海:华东师范大学,2012.

后　记

《文化浙商与中国现代出版文化的构建》一书终于完稿，心中忐忑与激动并存。作为一个外省人，2007 年博士毕业之后来到浙江，对浙江商业文化的发达，浙商群体的活动能力与渗透力十分惊奇。同时，也惊叹于商业繁荣之地居然有那么深厚的人文素养，仅在中国现代文学的版图中，鲁迅、茅盾、周作人、郁达夫、徐志摩等都是熠熠发光的个性存在。那几年对民国时期出版机构与现代文学发展的关联有些兴趣。翻书之余，发现商务印书馆、中华书局等现代出版机构中张元济、陆费逵两位掌舵者，以及世界书局的沈知方、开明书店的章锡琛，还有张静庐、胡愈之这些现代出版文化重要人物，居然都是浙江人。换言之，在整个中国现代出版文化的引领者和从业者中，浙江人占据了大半，这或许也是现代浙江缘何有那么多文学大师的另一个重要因素吧。于是我从出版平台和文学发展的关联出发，顺藤摸瓜，投入研究。近些年来，浙商研究已是显学，涌现了丰厚的研究成果。对我来说，浙商研究全然是陌生的研究领域，踏入这样一个领域有些惴惴。好在我的关注点是在张元济这些从事文化出版业的浙商。尽管在出版研究领域，这些出版巨擘已为大家熟知，但浙商的研究大多着眼于富于经济创造力的实业家，对于现代时期这一群体关注不多。为了凸显这一群体的价值和意义，彰显其在浙商群体中的独特性，大胆给这些人命名为"文化浙商"，从浙江商业流脉中梳理出浙商注重文化建设的一支，着重探讨张元济与商务印书馆、陆费逵与中华书局、沈知方与世界书局、张一渠与儿童书局等，探究这一群体与现代出版文化的构建。2008 年，我以这样的思路申报了浙江省哲社规划课题，居然一举成功。说来惭愧，课题立项之后，尽管有很多想法，但一直拖延而未能集中精力写作。因为在这个课题基础上，又延伸出新的兴奋点和研究课题，于是旁逸斜出弥散开去，迟迟未能动笔。现在呈现的这本小书是匆忙之作，显得粗疏浅陋，留有诸多不尽如意之处。这两年在出版文化研读的基础上，发展出了现在进行中的国家课题《近代大众传媒与中国儿童文学的发生》。所以，兜兜转转绕了一大圈，最后发现，大众传媒、出版这些因素已深深影响着我的研究。

本书的阶段性成果，曾在《中国出版》《当代文坛》等刊物发表。本书的出版，得到了浙江师大人文学院和现当代文学学科的支持，在此表示感谢。

感谢浙江工商大学出版社副总编辑郑建为本书的出版所付出的辛劳与智慧。

朱利民

2018 年 2 月